Richard Hobbs und Ralph Jackson

DAS RÖMISCHE BRITANNIEN

Richard Hobbs und Ralph Jackson

DAS RÖMISCHE BRITANNIEN

Aus dem Englischen von
Dorothea Grünewald

Englische Originalausgabe:
»Roman Britain. Life at the Edge of Empire«
The British Museum Press, London 2010

Frontispiz: Goldene Votivtafel aus einem Tempelhortfund in der Nähe von Ashwell, Hertfordshire, 2/3. Jh. n. Chr.

Seite gegenüber: Gold-Aureus (Revers), geprägt in Rom 46 oder 47 n. Chr.: Triumph des Kaisers Claudius über die Britannier

Die Deutsche Nationalbibliothek verzeichnet diese Publikation
in der Deutschen Nationalbibliografie;
detaillierte bibliografische Daten sind im Internet über
http://dnb.d-nb.de abrufbar.

Die Herausgabe des Werkes wurde durch
die Vereinsmitglieder der WBG ermöglicht.

Layout: Zoë Mellors
Typographie und Satz: Lohse Design, Heppenheim
Printed in China

Besuchen Sie uns im Internet:
www.wbg-wissenverbindet.de

ISBN: 978-3-534-24596-3

Die Buchandelsausgabe erscheint beim Konrad Theiss Verlag, Stuttgart
Besuchen Sie uns im Internet: www.theiss.de

ISBN 978-3-8062-2525-9

INHALT

I

EINLEITUNG

Britannien war eine Provinz am äußersten Rand des Römischen Reiches. Für fast vier Jahrhunderte, von 43 n. Chr. bis ungefähr 410 n. Chr., stand es unter römischer Verwaltung. Dieses Buch beschreibt die unverkennbar römisch-britannische Kultur, die sich in diesen Jahrhunderten entwickelte. Es stützt sich auf die Evidenz sowohl der archäologischen Befunde als auch der antiken schriftlichen Quellen und verbindet sie mit der aktuellen Forschung an den Überresten – den materiellen Hinterlassenschaften – in der unvergleichlichen Sammlung des British Museum.

◀ Mosaik: Detail des römischen Gottes Neptun. Withington, Gloucestershire.

▶ 1 Die drachenähnliche, fein emaillierte Brosche (1./2. Jh. n. Chr.) zeigt, dass keltische Kunst auch in römischer Zeit andauerte.

Kein Buch über das römische Britannien kann die schriftlichen Quellen ignorieren. Zwar waren sie bis ins späte 19. Jahrhundert die hauptsächliche Informationsquelle für all jene, die diesen Zeitabschnitt der Geschichte zu verstehen suchten. Doch sind nur wenige erhalten, und da sie vor allem von griechischen und römischen Geographen und Historikern geschrieben wurden, fehlt die britannische Stimme. Als eine Auswahl an anekdotenhaften Erzählungen und verzerrten, einseitigen und unvollständigen Darstellungen sind schriftliche Quellen oftmals faszinierend, doch bleiben sie weit dahinter zurück, ein ausgewogenes Bild zu zeichnen. Ihr Einsatzschwerpunkt liegt im Bereich der politischen und militärischen Geschichte.

Im Gegensatz dazu überrascht uns die Archäologie mit neuen, häufig unerwarteten Entdeckungen, und trägt vor allem zu unserem Verständnis der wirtschaftlichen und gesellschaftlichen Angelegenheiten sowie der technischen Umgebung bei, in der die Menschen lebten (Abb. 2). Kastelle, Städte, Villen, Bauernhöfe, Tempel und Straßen befinden sich unter den vielen verschiedenen Ausgrabungsstätten, die von Archäologen freigelegt wurden. Dennoch ist auch der archäologische Befund verzerrt, einseitig und unvollständig, zum Teil aufgrund der Auswahl der untersuchten Stätten, aber auch durch den Zufall und den Erhaltungszustand der Fundstücke. Die Interpretation eines Befundes ist immer notwendig und selten unkompliziert und es gibt wenig unumstrittene »Fakten«. Somit ergänzen und unterstützen sich Archäologie und Geschichte gegenseitig darin, Aufschluss über das römische Britannien zu geben. Doch fehlen dem Puzzle noch die meisten Teile und wir müssen vorsichtig sein, keine Beweisstücke zusammenzufügen, die nicht zusammengehören. Einige der erstaunlicheren Stücke sind Objekte aus Wohnhäusern der Menschen und Werkstätten oder sie gehörten zu öffentlichen Gebäuden, Kastellen und Tempeln. Große, kleine, kostspielige, wertlose, strukturelle, transportable, dekorative oder rein funktionale Objekte, sie alle bieten die Möglichkeit, neue Informationen abzuleiten. Sie können darüber hinaus mit uns über die Menschen sprechen, die sie vor etwa 2000 Jahren hergestellt und gebraucht haben.

▼ 2 *Die von Archäologen sorgfältig freigelegten Überreste von Gebäuden und Objekten bringen uns von Angesicht zu Angesicht das römisch-britannische Leben nahe (© Amanda Clarke/University of Reading).*

Diese Menschen bildeten keine einheitliche, konstante Gruppe. Zunächst einmal behandeln wir einen großen Zeitblock – nahezu 400 Jahre –, eine Spanne ähnlich der zwischen unserer heutigen Zeit und der Shakespeares. Während dieser Zeit gab es Veränderungen im Alltäglichen, wie bei Kleidung und Ernährung, aber auch in Politik und Armee. Britanniens Bevölkerung veränderte sich ebenso, weil sie Teil eines großen Reiches war und mit der Zeit eine Vielzahl an Einwanderern eintraf – ob durch Militärdienst, Provinzverwaltung oder Handel. Einige von ihnen brachten ihre Familien mit, einige heirateten vor Ort und viele ließen sich in Britannien nieder. Manche sind durch die Inschriften auf Grabsteinen oder durch ungewöhnliche Bestattungssitten bekannt, andere werden gelegentlich durch unverkennbare Objekte entdeckt, die sie zurückließen.

Aber es gab auch eine Kontinuität in der Lebensweise der eingeborenen eisenzeitlichen Stämme Britanniens. Keltische Namen und Designs (Abb. 1) blieben auch in der Zeit bestehen, in der Britannien römische Provinz war. Sie sind nur die beständigeren oder erkennbareren Spuren des »britannischen« Teils der römisch-britannischen Kultur. Mitunter gab es eine Verschmelzung klassischer und britannischer Traditionen, wenn zum Beispiel klassische Motive im Gebrauch an britannische Geschmäcker angepasst oder in »keltischem« Stil dargestellt werden, entweder in monumentaler Steinskulptur oder in kleinen Bronzestatuetten (Abb. 3). Der unterschiedliche Einfluss römischer Kultur war sehr groß und reicht von monumentalen Gebäuden im klassischen Stil in einigen Städten, religiösen Schreinen, Mosaikböden und Wandfresken in Villen (Abb. 4), bis zu den gelegentlich importierten Keramikgefäßen, die in den abgelegeneren Dörfern und Bauernhöfen gefunden wurden. Es gab zudem einen großen geographischen Unterschied zwischen dem Südosten, wo sich die meisten Städte und Villen konzentrierten, und dem Nordwesten, wo die große Mehrzahl der bewaffneten Truppen stationiert war. Diese Gebiete entwickelten ihre jeweils eigenen, verschiedenartigen und markanten Lebensweisen (Abb. 5). Wie andere Provinzen des Reiches, war Britannien eine komplexe Mixtur aus

▲ 3 *In dieser britannischen Interpretation römischer Kunst aus Kirkby Thore in Cumbria (2./3. Jh. n. Chr.) bezwingt ein Löwe einen Bären – ein bekanntes römisches Symbol des alles verschlingenden Todes.*

▼ 4 *Neptun, umgeben von Delphinen, Krebsen und mythischen Seewesen. Teil eines Bodenmosaiks aus der Villa in Withington, Gloucestershire.*

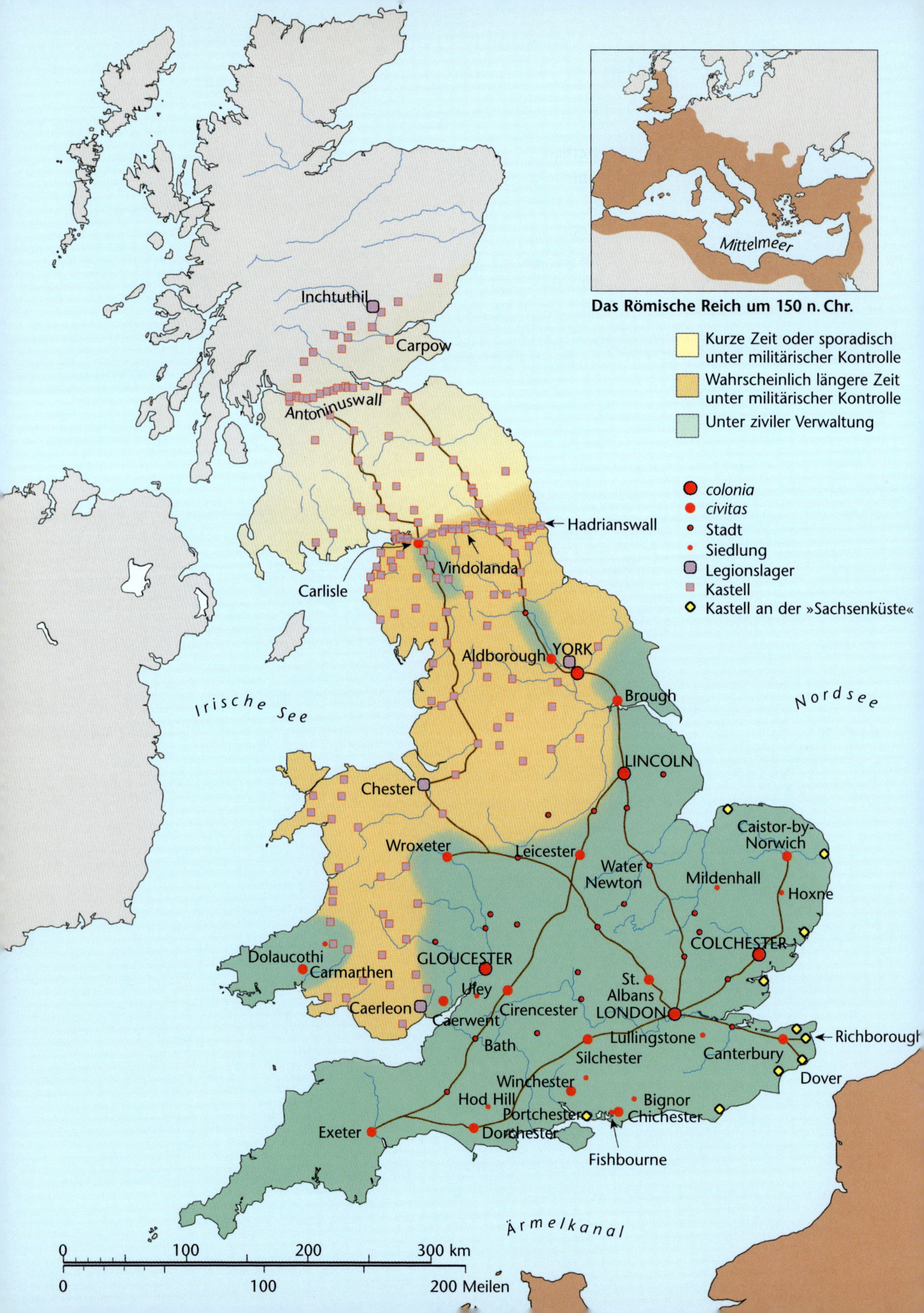
Das Römische Reich um 150 n. Chr.
Mittelmeer
Kurze Zeit oder sporadisch unter militärischer Kontrolle
Wahrscheinlich längere Zeit unter militärischer Kontrolle
Unter ziviler Verwaltung
colonia
civitas
Stadt
Siedlung
Legionslager
Kastell
Kastell an der »Sachsenküste«
Inchtuthil
Carpow
Antoninuswall
Hadrianswall
Vindolanda
Carlisle
Irische See
Nordsee
YORK
Aldborough
Brough
LINCOLN
Chester
Wroxeter
Leicester
Water Newton
Caistor-by-Norwich
Mildenhall
Hoxne
COLCHESTER
Dolaucothi
Carmarthen
GLOUCESTER
Uley
Caerleon
Caerwent
Cirencester
St. Albans
LONDON
Bath
Lullingstone
Silchester
Canterbury
Richborough
Dover
Winchester
Bignor
Hod Hill
Portchester
Chichester
Fishbourne
Exeter
Dorchester
Ärmelkanal
0
100
200
300 km
0
100
200 Meilen

Ureinwohnern und Eingewanderten, Soldaten und Zivilpersonen, die eine Reihe unterschiedlicher Bräuche bewahrten, die nicht statisch waren, sondern manchmal zusammenflossen oder sich in neue Richtungen entwickelten.

Gleichwohl war der Einfluss von Rom tiefgreifend und andauernd. Obwohl Britannien nichts im Vergleich zu den beeindruckenden Monumenten von Rom selbst hat, existieren viele Überreste – allen voran der Hadrianswall –, die uns erlauben, unmittelbar an Roms Vermächtnis anzuknüpfen (Abb. 29). Wir können dieses Vermächtnis auch an anderen Stellen finden. Heutige britische Münzen tragen noch lateinische Beschriftungen, ebenso werden Bruchstücke der lateinischen Sprache im alltäglichen Gespräch gebraucht: *terra firma, ad nauseam, per diem, in vino veritas, et cetera* (!). Viele der heutigen Gebäude weisen auf den römischen Einfluss hin – zumindest auf Roms Anpassung an die griechische Architektur – einschließlich des British Museum mit seiner neoklassizistischen Fassade und der mächtigen Kuppel des Round Reading Room in Anlehnung an Roms Pantheon. Beide sind das Ergebnis der Neuentdeckung der klassischen Welt, die viele Briten während ihrer Reisen auf der »Grand Tour« im Zuge der Aufklärung inspirierte. Manche fühlten sich danach herausgefordert, über die klassische Vergangenheit zu schreiben oder die römischen Überreste Britanniens zu erfassen. Andere suchten und sammelten zurückgebliebene Fundstücke, ob es bewegliche und reizvolle Objekte wie Münzen und Schmuck (Abb. 6) waren oder eindrucksvollere Stücke wie Steinaltäre und Grabsteine (Abb. 59). Mit Einrichtung des British Museum und einem zunehmenden Interesse an Britanniens Vergangenheit, wurden mit viel Energie Sammlungen römisch-britanischen Materials im späten 19. Jahrhundert geschaffen. Wie die *Roman Britain Gallery* des Museums sowie die vielen Illustrationen in diesem Buch zeigen, helfen uns diese expandierenden Sammlungen, Gesichtspunkte der reichen und faszinierenden Kultur des römischen Britannien auf immer differenziertere Weise zu veranschaulichen.

◀ **5** *Karte des römischen Britannien mit den Hauptverkehrsstraßen, Städten und Kastellen. Die Karte oben rechts zeigt Britanniens Position am Rande des Römischen Reiches.*

▲ **6** *Kuriositäten und Antiquitäten, zusammengetragen im 19. Jh. von einem Hobbysammler.*

II

BRITANNIEN IN VORRÖMISCHER ZEIT

»Die Bewohner von Britannien ... sind besonders gastfreundlich zu Fremden und haben eine zivilisierte Art und Weise des Lebens angenommen, wegen ihres Kontaktes mit Kaufleuten und anderen Völkern. Sie sind es, die das Zinn zu Stücken in der Größe des Knöchel-Knochens verarbeiten, sie bringen es zu einer Insel vor Britannien, genannt Ictis ..., [wo] Kaufleute das Zinn von den Eingeborenen kaufen ...«

Diodorus Siculus, *Historische Bibliothek* V, 22

◀ *Detail des sogenannten Great Torc (Wendelhalsring) aus Snettisham, Norfolk (frühes 1. Jh. v. Chr.).*

Der erste Nachweis für menschliche Siedlungen in Britannien kann auf eine Zeit vor etwa 700 000 Jahren datiert werden, als das britische Festland noch durch eine Landbrücke mit dem Kontinent verbunden war. Lange Zeit später, vor etwa 8000 Jahren, nachdem das Festland vom Kontinent bereits durch den Ärmelkanal getrennt war, wurde Britannien als ein geheimnisvolles Land wahrgenommen. Noch zur Zeit des Kaisers Claudius (41–54 n. Chr.) gab es Menschen in Rom, die sich weigerten zu glauben, dass *Britannia*, wie es die Römer nannten (eine Version des zuvor latinisierten griechischen *Pretannia*), überhaupt existierte. Obwohl sich der Kanal hin und wieder als Barriere für viele Möchtegern-Eroberer erwies, war er doch nie ein maßgebliches Hindernis für das Hin und Her von Migration und Handel, wodurch der Charakter britannisch-britischer Geschichte für tausende von Jahren geprägt wurde.

Britanniens politisches und kulturelles Verhältnis zum Kontinent und zu Irland mag immer komplex gewesen sein, doch können wir sicher sein, dass es wenige Zeitperioden in der Geschichte von *Albion* gab, wie es zuerst genannt wurde (vielleicht in Anlehnung an die weißen Klippen von Dover), in denen keine »Ausländer« eintrafen, abreisten, sich für kurze Perioden aufhielten, oder die Insel zu ihrer Heimat machten. Warum kamen die Menschen? Landschaftliche Gegebenheiten waren die treibende Kraft für Viele, die nach neuen Ressourcen wie Mineralien, Wild und fruchtbarem Land suchten. Später spielten ausgeklügelte wirtschaftliche Gründe eine Rolle, mit Handwerkern und Kaufleuten, die neue Märkte sowie eine Nachfrage für ihre Produkte und ihre Fähigkeiten vorfanden. Andere frühe »Besucher« wurden aufgrund ihrer religiösen oder familiären Bindungen oder ihrer Stammeszugehörigkeit von Britannien angezogen. Eine Rolle spielte auch die Politik, die manche Einwanderer aufgrund schwieriger persönlicher Umstände in ihren Heimatländern zur Flucht zwang. Wir wissen auch von Besuchern, die von ihrer Abenteuerlust getrieben wurden: Etwa 310 v. Chr. reiste Pytheas, ein früher Entdecker aus Massalia (Marseilles), auf Wasserwegen durch Gallien (Frankreich), überquerte den Kanal und landete in Cornwall, von wo aus er die Insel im Uhrzeigersinn umsegelte (wenn wir die Teile seiner Geschichte akzeptieren, die in Arbeiten späterer Schriftsteller überlebten; seine eigenen Aufzeichnungen sind für uns verloren).

◀ 7 Künstlerische Impression des Amesbury Archer, bestattet um 2300 v. Chr. in der Nähe von Stonehenge (©Wessex Archeology/Jane Brayne).

Aber Britannien war zweifellos schon sehr früh als reiche Quelle für Mineralien bekannt; vor allem Zinn war eine lebenswichtige Komponente zur Herstellung von Bronze, was schon in frühester Zeit Handelsbeziehungen hervorbrachte, wodurch die Insulaner mit ausländischen Abnehmern Kontakte aufbauten. Der griechische Geograph Strabon, der in der Regierungszeit von Kaiser Augustus (27 v. Chr.–14 n. Chr.) schrieb, berichtet über den Export von Getreide, Rindern, Gold, Silber und Eisen sowie von »Fellen und Sklaven und Hunden, die von Natur aus für die Jagd geeignet sind« (*Geographie* IV, 5, 2).

Der Warenaustausch könnte auf Inseln vor der Südküste Britanniens stattgefunden haben, wie auf Mount Batten in Devon, wo sich Befunde für solche vorgeschichtliche Siedlungen und Handelsplätze gezeigt haben, und es mag tatsächlich die Insel *Ictis* sein, auf die sich der griechische Historiker Diodorus Siculus, der im 1. Jahrhundert v. Chr. schrieb, bezog.

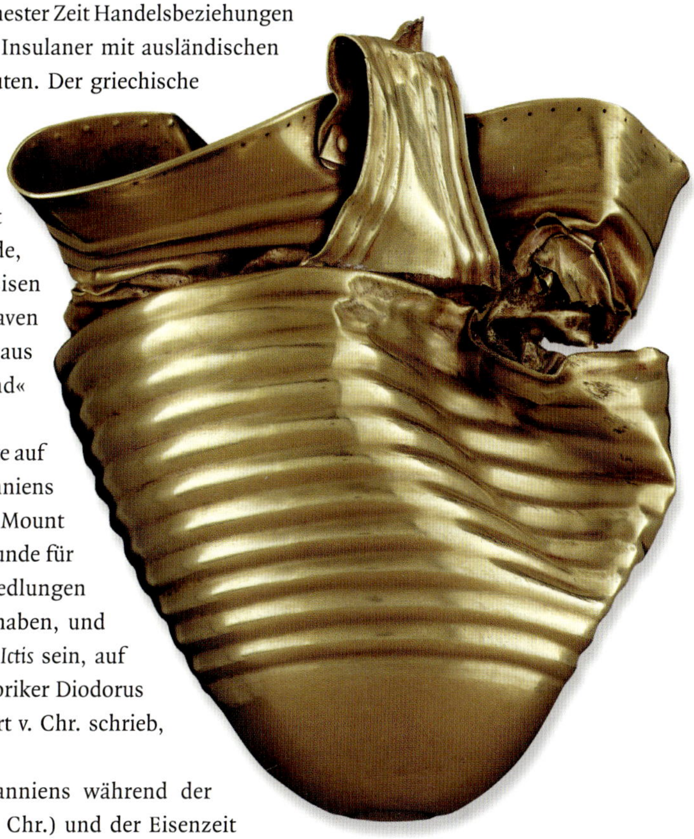

▲ **8** Goldener Becher (ca. 1600 v. Chr.) aus Ringlemere, Kent. Obwohl eingedrückt und deformiert, ist der Becher – vermutlich zum zeremoniellen Gebrauch – ein bemerkenswerter Fund aus der Bronzezeit.

Was die Einwohner Britanniens während der Bronzezeit (ca. 2500–800 v. Chr.) und der Eisenzeit (ca. 800 v. Chr.–43 n. Chr.) angeht, so können wir einen guten Eindruck davon bekommen, wie das Leben war. Für die große Mehrheit ging es ganz einfach um die Sicherung des Lebensunterhalts durch Ackerbau, um das Wachstum anbaufähiger Pflanzen und die Viehzucht, wobei saisonale Nahrungsmittel die Grundlage der Ernährung bildeten. Temporäre Gruppierungen wagten sich über die Grenzen ihrer Gesellschaften hinaus, um Ressourcen wie Holz zum Heizen und Bauen, Salz für die Konservierung der Speisen und brauchbaren Stein für die Herstellung von Reibemühlen zum Kornmahlen zu besorgen. Dies muss sie unausweichlich in Kontakt mit anderen Gruppierungen gebracht haben, was entweder im friedlichen Austausch ihrer Überschüsse geschah oder zu gewalttätigen Konflikten führte. Mit der Zeit brachten solche Kontakte regionale Vielfalt hervor, wobei sich verschiedene soziale Gruppierungen durch unterschiedliche Kleidung und Verhalten zu unterscheiden versuchten.

▲ 9 *Maiden Castle, Dorset, eine von etlichen Hügelfestungen, errichtet in der späten Eisenzeit (© Skyscan Photolibrary/Alamy).*

Mitte des 3. Jahrtausends v. Chr. war die Landschaft Britanniens im Flachland größtenteils abgeholzt. Die Menschen lebten in offenen, kaum befestigten Siedlungen. Der Schwerpunkt lag auf Holzbauten mit Strohdächern, obwohl einige Gebäude in dieser Gegend aus Trockensteinmauern errichtet waren, wie auf der südwestlichen Halbinsel.

Das Rundhaus war die gebräuchlichste Bauform in der Eisenzeit, obwohl auch rechteckige Bauten vorhanden waren, wie zum Beispiel herausragende Gebäude, die wahrscheinlich zur Lagerung von Getreide verwandt wurden. Die meisten Eingänge der Rundhäuser waren zum Sonnenaufgang hin ausgerichtet, um damit vielleicht den Verlauf sowohl des Tages als auch der Jahreszeiten zu verfolgen, was in einer Zeit lange vor der Erfindung der Uhr oder des Kalenders äußerst wichtig war. Obwohl das Leben einfach war, hatten die Menschen schon differenzierte Vorstellungen vom Verlauf der Zeit und der Bewegung von Erde und Himmelskörpern.

In der Tat gibt es für die Bronze- und auch für die Eisenzeit hinreichend Nachweise für differenzierte Glaubensvorstellungen und kommunale Kooperation. Stonehenge, das kultsymbolträchtigste einer Vielzahl von Monumenten, die über das vorgeschichtliche Britannien verstreut sind, wurde ungefähr 2500 v. Chr. errichtet und benötigte ein beträchtliches Maß an gemeinsamer Organisation, nicht nur, um die Blausteine den ganzen Weg von Pembrokeshire im westlichen Wales zu transportieren. Wir können uns ferner ziemlich sicher darüber sein, dass es das heilige Land von Stonehenge war, das einen Metallarbeiter sehr früh von den Alpen zu seiner letzten Ruhestätte brachte, was den Archäologen einen der außergewöhnlichsten und reichhaltigsten Funde der letzten Jahre bescherte (Abb. 7). Der *Amesbury Archer*, wie er aufgrund einer Vielzahl gefundener Pfeilspitzen aus Feuerstein in seinem Grab genannt wurde, wuchs in Zentraleuropa auf, möglicherweise in der Schweiz (was der Strontium-Gehalt in seinen Zähnen andeutete), starb aber um 2300 v. Chr. in Salisbury Plain, wo er in Sichtweite der aufragenden Steine begraben wurde.

Das Grab des *Amesbury Archer* enthielt Goldornamente und ein Kupfermesser. Sie gehören zu den frühesten bekannten Metallarbeiten in Britannien. Sollte der Mann Metall aus Stein gefördert und dieses zu Werkzeug und Schmuck geformt haben können, so dürfte der *Amesbury Archer* als etwas ähnliches wie ein Magier angesehen worden sein. Die Herstellung von Objekten aus Gold, wie Trinkgefäßen (Abb. 8), neben Werkzeugen und Waffen aus Kupfer und Bronze, unterscheidet die Bronzezeit von früheren Zeiten, als hauptsächlich Stein (vorwiegend Feuerstein) benutzt wurde. Während der Eisenzeit (ca. 800 v. Chr.–43 n. Chr.) wurde Eisen gebräuchlicher zur Herstellung von Werkzeugen, Waffen und anderen Gegenständen, wie Wagenbeschlägen. Dies war nicht unbedingt der Fall, weil man seine Qualitäten gegenüber der Bronze bevorzugte, sondern wegen seiner besseren Verfügbarkeit im Vergleich zu Zinn und Kupfer, den Grundbestandteilen von Bronze. Dennoch, vor allem während der späten Eisenzeit (ca. 300 v. Chr.–43 n. Chr.) ist eine explosionsartige Ausweitung der materiellen Kulturgüter zeitgleich mit Veränderungen in der Art der Siedlungen zu erkennen.

Eines der Hauptmerkmale dieser Zeit ist die Entstehung der Hügelfestungen, vor allem im Süden Britanniens, deren früheste um 600 bis 400 v. Chr. errichtet wurde. Obwohl sie in Bezug auf Größe und Form erheblich variieren, sind Erdwälle, die einen höher gelegenen Punkt in der Landschaft umkreisen, für alle Hügelfestungen charakteristisch: Maiden Castle in Dorset ist als eines der sichtbar beeindruckendsten erhalten (Abb. 9). Viele Jahre lang dachte man, dass Hügelfestungen vorwiegend Verteidigungsbauten in einer zunehmend von Stammeszugehörigkeit bestimmten und kriegerischen Gesellschaft waren, doch haben jüngste Untersuchungen diese Auffassung verdrängt. Viele Archäologen glauben nun, dass Hügelfestungen nicht ständig besetzt waren. Bei einem gezielten Angriff hätten sie ohnehin leicht überrannt werden können. So scheint der »Verteidigungswert« vor allem symbolisch gewesen zu sein. Stattdessen scheinen Hügelfestungen eine kommunale Version kleinerer Einfassungen zu reflektieren, in denen Familien und Verwandschaftsgruppen lebten, und wurden für die gemeinschaftliche Lagerung von Getreide, die Verteilung von Nahrungsmitteln und den Austausch von Überschüssen (zum Beispiel Schafe und Rinder) genutzt. Einige Anlagen, so auch die von Danebury in Hampshire, liefern Beweise für lokale handwerkliche Erzeugnisse wie die Metallverarbeitung. Hügelfestungen könnten ebenso zur Sommersonnenwende und anderen »besonderen Anlässen« benutzt worden sein. Zu solchen Ereignissen könnten sich die Menschen getroffen haben, um miteinander zu essen, an zeremoniellen Aktivitäten teilzunehmen, religiöse Opfer darzubringen oder um ihrer Vorfahren zu gedenken.

Einige Entdeckungen, die in die späte Eisenzeit datiert werden, dürften unmittelbar mit solchen zeremoniellen Anlässen zu tun haben. Die am meisten gefeierte Anlage ist Snettisham in der Nähe der Nordseeküste von Norfolk, einem der wenigen »Höhepunkte« der ostanglischen Landschaft. Im Inneren der angenommenen Tempelanlage war eine Reihe von *Torques* oder Halsringen aus Gold, Silber und anderen Metallen neben einigen Münzen und Metallresten in einer Reihe von sorgfältig ausgehobenen Gruben aus dem vielleicht späten 2. bis 1. Jahrhundert v. Chr. vergraben.

▼ **10** *Der Great Torc von Snettisham, Norfolk; eines der aufwändigsten aus der Antike bekannten Objekte aus Gold.*

Der *Great Torc* (Großer Torques) von Snettisham (Abb. 10) stellt einen Höhepunkt des handwerklichen und künstlerischen Könnens der Goldverarbeitung während der Eisenzeit dar. Er strahlt zudem Macht, Status und sogar Zauberei aus, denn Torques dürften auch »übernatürliche« Kräfte beigemessen worden sein, was auch für andere schöne handgefertigte Gegenstände, wie zum Beispiel dem Spiegel (Abb. 11), gilt. In diesem Zusammenhang ist es auch interessant zu erwähnen, was Strabon über die Druiden schreibt, zu deren Verantwortlichkeiten die Aufgabe als Priester in religiösen Zeremonien und als Richter in Strafprozessen gehörten: »Sie [die Druiden] tragen nicht nur Goldschmuck – beides, Ketten umschlingen ihre Hälse und Armreifen umrunden ihre Arme und Handgelenke …« (*Geographie* IV, 4, 5).

▲ **11** *Bronze-Spiegel aus Desborough, Northamptonshire; einer der am schönsten dekorierten Spiegel aus der späten Eisenzeit.*

Wir können Snettisham nicht unmittelbar mit den Druiden in Verbindung bringen, aber es ist offensichtlich, dass das »Begräbnis« dieser außergewöhnlichen Menge an kostbaren Metallen mit Sorgfalt und einer Absicht ausgeführt wurde. Möglicherweise war es als Opfer für Götter und Natur-Geister gedacht, was auf religiöse Vorstellungen schließen lässt, die sich bis in die römische Periode weiterentwickelten (vgl. Kapitel VIII). Obwohl mit späterer Datierung (frühes bis mittleres 1. Jahrhundert n. Chr.), finden wir ein ähnliches »Begräbnis« einer großen Menge an kostbaren Metallen, diesmal in Form einer Reihe von Münzfunden, an einer hochgelegenen Stelle in der Nähe von Market Harborough, im Osten von Leicestershire, neben einer großen Anzahl von Tierknochen, den Überresten gemeinsam begangener Feste. Die kuriosesten vergrabenen Gegenstände sind Helmteile der römischen Kavallerie. Deren Anwesenheit lässt sich schwer erklären, zeigt aber, welchen Einfluss die römische Welt auf die Gesellschaft der Eisenzeit hatte (Abb. 12).

Grundsätzlich wird gesagt, dass das römische Britannien 43 n. Chr. »beginnt«, als Kaiser Claudius einfiel und die Insel als eine neue Provinz annektierte (vgl. Kapitel III). Doch in Wahrheit hat der Prozess der »Romanisierung« bereits etwa ein Jahrhundert zuvor angefangen; und wie wir gesehen haben, reichen die Kontakte mit der mediterranen Welt noch weiter zurück.

Nach dem griechischen Biographen Plutarch war die Unterwerfung der Bevölkerung von Gallien während eines acht Jahre dauernden Feldzugs des römischen Feldherrn Gaius Iulius Caesar (100–44 v. Chr.) blutig und brutal. Man sagt, Caesar habe über 800 Siedlungen erobert und ausgeraubt und einen großen Teil der ursprünglichen gallischen Bevölkerung abgeschlachtet oder versklavt. Im Jahr 55 v. Chr. richtete Caesar seine Aufmerksamkeit auf Britannien. Nach einem gescheiterten Invasionsversuch auf die Insel – ein Großteil seiner Flotte fiel Stürmen zum Opfer – kam er im darauffolgenden Sommer zurück. Die eigentliche Motivation für Caesars Feldzug ist nicht eindeutig. In seinen eigenen Schriften führt er schlicht aus, dass die Gallier »Verstärkung von den Britanniern erfahren« hatten, also versuchte er wahrscheinlich, die Flut von Hilfstruppen abzuwehren (*Der Gallische Krieg* IV, 20). Eine politische Motivation ist ebenfalls sehr wahrscheinlich, denn die Eroberung Britanniens und die »Zähmung« des Kanals hätten Caesars Ansehen in Rom beträchtlich gestärkt. Caesar kann auch nicht unwissend über den Reichtum der Insel an Mineralien sowie das Potential anderer Kriegsbeute gewesen sein, wie Tributleistungen und Sklaven. Die Größe von Caesars zweiter Expeditionstruppe zeigt uns, dass er fest entschlossen war. Seine Flotte bestand aus 800 Schiffen, die mehr als die Hälfte seiner Armee an Bord hatten (etwa 25 000 Fußsoldaten) und 2000 Kavalleristen. Lediglich unstabile Verhältnisse in Gallien führten Caesar dazu, seinen zweiten Feldzug abzubrechen. Er drang nicht weiter als bis zur Themse vor, bevor er sich zurückzog.

▲ **12** Silberplattierter Wangenschutz aus Eisen von einem römischen Reiterhelm (1. Jh. n. Chr.), gefunden in der Nähe von Market Harborough, Leicestershire. Es stellt einen römischen, von der Siegesgöttin gekrönten Reiter dar, der einen kauernden Barbaren niedertrampelt.

Caesar macht einige interessante Beobachtungen über die Britannier, denen er begegnete: »Alle Britannier aber bestreichen sich mit Waid, welches himmelblau färbt, und sehen dadurch im Kampf umso fürchterlicher aus.« (*Der Gallische Krieg* V, 14).

▲ 5 *Moderne Rekonstruktion eines Streitwagens aus der Eisenzeit, basierend auf einem Grabfund in Wetwang, East Yorkshire, aus dem 3. Jh. v. Chr.* (*© Tony Spence*).

Unglücklicherweise hat sein Bericht zu der falschen Annahme geführt, dass in der Antike alle Britannier ständig mit blauer Farbe bedeckt gewesen wären. Caesar beschrieb detailliert und mit Bewunderung den Gebrauch von Streitwagen bei den Britanniern und deren Geschicklichkeit, wodurch sie »auch auf abfallendem und abschüssigem Gelände ihre Pferde mitten im Galopp anhalten und rasch zum Wenden zügeln können« (*Der Gallische Krieg* IV, 33). Die Wichtigkeit der Streitwagen für die Gesellschaft der Eisenzeit ist auch archäologisch mit der Entdeckung von Grabstätten mit Streitwagen in East Yorkshire nachgewiesen, die in das 3. Jahrhundert v. Chr. datiert wurden, wie zum Beispiel in Wetwang (Abb. 13).

Für die Vorstellung, Caesar habe Truppen in Britannien hinterlassen, gibt es weder historisch noch archäologisch eine Bestätigung. In seiner Darstellung des Gallischen Krieges erzählt uns Caesar, dass »Vertreter aus verschiedenen Ländern der Insel mit dem Versprechen zu ihm kamen, Geiseln zu stellen und die Herrschaft des römischen Volkes zu akzeptieren« (*Der Gallische Krieg*, IV, 21). Caesar richtete zweifellos eine »Marionetten«-Regierung unter der Leitung eines gallischen Häuptlings namens Commius ein, der anscheinend eine Dynastie im Süden Britanniens gegründet hatte, dem Stammesgebiet der Atrebaten, was dem neuzeitlichen Hampshire nahe kommt (Abb. 14). Wie auch immer Caesars Legende in Wirklichkeit aussah, wir wissen, dass sich im darauffolgenden Jahrhundert eine wirkliche Veränderung in Politik und Kultur Britanniens ergab.

▲ 14 *Vereinfachte Karte des südlichen Britannien während der späten Eisenzeit, ca. Mitte 1. Jh. v. Chr. – Mitte 1. Jh. n. Chr.*

Für die Mehrheit wird das Leben so gut wie normal weiter verlaufen sein, für andere aber können wir Zeichen für die Übernahme »römischer Lebensart« finden, verbunden mit der Bildung politischer Allianzen, die zweifelsohne den Weg für die Invasion unter Kaiser Claudius (Kapitel III) ebneten. Es gibt Anzeichen dafür, dass Britannien im späten 1. Jahrhundert v. Chr. aus einer Anzahl von Stammesstaaten bestand, von denen jeder Einfluss auf eine besondere geographische Zone hatte. Wie diese

»Stämme« strukturiert waren, ist ziemlich unklar und variierte jedenfalls auf der ganzen Insel.

Anhand von Münzprägungen wissen wir, dass sich einige Stammesfürsten, wie Cunobelin (unsterblich durch Shakespears *Cymbelin*), mit REX anreden ließen, was gleichbedeutend mit »König« war. Dies ist eine Andeutung, dass die oberste Macht in den Händen eines Einzelnen lag (Abb. 15). In der Tat, Cunobelinus, der aufgrund der Verbreitung seines Münzgeldes ein Königreich regiert zu haben scheint, welches das Gebiet nördlich der Themse weitestgehend umfasste, wird von dem Historiker Sueton (*Leben der römischen Kaiser* IV, 44) als *Rex Britannorum* bezeichnet, als »König der Britannier«. Doch in anderen Gegenden von Britannien zeigen Münzen oft Namenspaare, die auf eine andere Herrschaftsweise schließen lassen. Auch Frauen scheinen politische und militärische Macht in höherem Maße ausgeübt zu haben, als wir erwartet hätten. Cartimandua, die wohl schon vor dem Einfall des Claudius im Jahr 43 n. Chr. an der Macht war, war »Königin« der Briganten, des größten Stammes in Britannien, während Boudicca wahrscheinlich die bekannteste Britannierin der Antike war (vgl. Kapitel III).

Eine der Besonderheiten der späten Eisenzeit ist ein beträchtlicher Anstieg mediterraner Importe. In Heybridge in Essex zum Beispiel, einer eisenzeitlichen Siedlung an der Ostküste, haben Ausgrabungen die größte Sammlung an Weinamphoren des 1. Jahrhunderts v. Chr. nördlich der Themse erbracht, woraus geschlossen werden könnte, dass Heybridge einer der Exporthäfen für Güter zum Kontinent war. In einer Grabkammer in Welwyn Garden City waren den eingeäscherten Überresten eines Mannes (oder einer Frau) nicht weniger als fünf Amphoren beigelegt, neben einer Reihe von importierten Trinkgefäßen, die einen italischen Weinbecher aus Silber einschließen (Abb. 16). Es ist wahrscheinlich, dass der Wein selbst während des Begräbnisrituals getrunken wurde. In anderen Fundstätten, wie Stanway und Lexden in Essex, wurden Amphoren nach dem Trinken zerschlagen und Teile der Gefäße sorgfältig als Grabbeigaben ausgewählt.

▼ **15** *Silbermünze, ausgestellt auf Verica, einen britischen Stammesführer (1. Jh. n. Chr.). Die Münze ist beschriftet VERICA REX COMMI F, lateinisch für »König Verica, Sohn von Commius«.*

16 Ein Grab aus der Eisenzeit, 1965 gefunden in Welwyn Garden City, Hertfordshire.

FÜNF AMPHOREN *aus dem Grab, wahrscheinlich für den Transport von Wein aus Italien.*

TONKRUG *zum Ausschenken von Wein oder Bier für den Bestatteten im Jenseits.*

SPIELSTEINE AUS GLAS, *im östlichen Mittelmeerraum hergestellt, eventuell für ein Spiel ähnlich dem »Mensch ärgere dich nicht«.*

KNOCHEN *des Bestatteten, einem bedeutenden Mann oder einer bedeutenden Frau, der/die in ein Bärenfell eingewickelt war und anschließend eingeäschert wurde.*

GRAB AUS DER EISENZEIT 1. JH. V. CHR.

TONKRUG MIT WEISSEM ÜBERZUG, *wahrscheinlich vom Kontinent importiert.*

TRINKGEFÄSSE, *lokal, aus Ton angefertigt.*

BRONZESCHALE *mit Haltegriff (links) und zwei Gefäßen aus Keramik darin. Die Schale könnte ein Angebot an Speisen für den Verstorbenen enthalten haben.*

SILBERNER TRINKBECHER, *importiert aus Italien, eines der feinsten Objekte in dem Grab. Ähnliche Becher wurden in Pompeji gefunden.*

2001 wurde eine bedeutsame Entdeckung in der Nähe von Winchester in Hampshire gemacht (Abb. 17). Sie besteht aus einem Set aus der Mitte des 1. Jahrhunderts v. Chr., das als »sein und ihr« Schmuck beschrieben werden könnte. Qualität und Form deuten politische Beziehungen zwischen Rom und Britannien an. Der Hort enthält, zusätzlich zu ein paar Fibeln und glatten Armreifen aus Gold, auch zwei schöne Halsbänder, die aus veredeltem Golddraht gewirkt zu sein scheinen. Die Halsbänder sind biegsam und geschmeidig, völlig anders als jene, die in Snettisham (vgl. S. 18/19) gefunden wurden. Besonders wichtig ist, dass Qualität und Form der Goldarbeit auf die mögliche Herstellung in einer Werkstatt im östlichen Mittelmeerraum hinweisen. Wie diese außergewöhnlichen Objekte nach Hampshire gekommen sind und dort vergraben wurden, ist nicht bekannt, aber es ist vorstellbar, dass sie ein diplomatisches Geschenk waren, vielleicht für einen Stammesführer der Atrebaten und seine »Königin«. Lokale Herrscher der Atrebaten, wie Tincomarus, Verica und Eppillus, behaupteten, Nachkommen von Commius zu sein, setzten römische Symbolik ein und gebrauchten Latein für ihre Münzprägung (Abb. 15). Beides lässt darauf schließen, dass es enge Verbindungen zu der römischen Führungselite gegeben hat. Und tatsächlich, in Anlehnung an eine nicht aufgezeichnete Episode eines lokalen Streits geht man davon aus, dass Verica um 42 n. Chr. nach Rom geflohen ist (Cassius Dio, *Römische Geschichte* LX, 19).

Bis zum frühen 1. Jahrhundert n. Chr. war sich das südliche Britannien deshalb der Nähe zu Rom sehr bewusst. Einige Stammesführer scheinen die römische Kultur begeistert angenommen zu haben und versuchten, sich selbst aktiv politisch auf eine Linie (mit Rom) zu bringen. Aber Rom empfand auch deutlich, dass Britannien eine Gefahr blieb und genügend natürlichen Reichtum besaß, um es nicht ignorieren zu können. Aus diesen Gründen fasste Augustus bei mindestens drei Gelegenheiten einen Einmarsch ins Auge. Dann, im Jahr 40 n. Chr., stellte auch Gaius (Caligula) (12–41 n. Chr.) ein Heer in Bereitschaft, doch – in typischer Weise für seine Regierungszeit – wurde der Feldzug vorzeitig beendet. Dennoch stand ein Einmarsch unmittelbar bevor, und Britannien sollte bald aufhören, eine geheimnisvolle, nebelverschleierte Insel am Rande einer unbekannten Welt zu sein.

▶ **17** Ein Satz Goldschmuck, *gefunden in der Nähe von Winchester, Hampshire, wahrscheinlich im östlichen Mittelmeerraum während des späten 1. Jhs. v. Chr. hergestellt.*

III

INVASION UND EROBERUNG

»So kam es, dass Plautius die Expedition unternahm, obwohl er Schwierigkeiten hatte, sein Heer dazu zu bewegen, Gallien zu verlassen, denn seine Truppen waren empört über die Aussicht, außerhalb der bekannten Welt in den Kampf zu ziehen ...«

Cassius Dio, *Römische Geschichte* LX, 19

◀ *Kaiserliche Macht. Detail einer reich eingelegten Bronzestatue des Kaisers Nero in militärischem Gewand, wahrscheinlich aus Barking Hall oder Baylham, Norfolk.*

Im Sommer 43 n. Chr. stellte Aulus Plautius, Oberbefehlshaber des Kaisers Claudius, in Boulogne im Norden Frankreichs ein Heer für die Invasion auf (Abb. 18). Für die damalige Zeit war es eine überaus große Streitmacht mit vielen erfahrenen, dienstälteren Heeresoffizieren – ein Hinweis auf Ausmaß und Schwierigkeiten, die diese Truppe zu erwarten hatte. Vier Legionen und zahlreiche Auxiliareinheiten – insgesamt etwa 30 000 bis 40 000 Mann – bereiteten sich auf die Einschiffung vor.

Die Invasion Britanniens war dazu bestimmt, Widerstand zu brechen, Rohstoffe und menschliche Ressourcen des Landes auszubeuten und Claudius einen großen militärischen Triumph zu verschaffen. Genau zu diesem Zeitpunkt geriet die Armee ins Zaudern, ungehalten und besorgt über die Erwartung, so wird uns erzählt, »außerhalb der Grenzen der bekannten Welt« zu kämpfen. Der Sarkasmus eines der von Claudius befreiten Männer war nötig, die Truppen durch Schamgefühl zum Handeln zu bewegen, eine ungünstige Ausgangsposition für eine Invasion, die weit länger dauerte, als irgendjemand für möglich gehalten hätte.

▲ **18** *Kaiser Claudius auf einem goldenen Aureus, geprägt in Rom im Jahr 46/47 n. Chr. zur Feier seiner Invasion in Britannien.*

Letzten Endes erwies sich die Furcht der Soldaten als unbegründet und die Überquerung des Kanals wurde ohne Zwischenfall bewältigt. Die einzige erhaltene schriftliche Überlieferung von der Invasion stammt von dem griechischen Historiker Cassius Dio. Es scheint, als wäre das Heer in drei Geschwadern gesegelt, wahrscheinlich nach Kent südlich der Themsemündung, obwohl einige Forscher die Landung im Solent, einem Seitenarm des Ärmelkanals, annehmen. Die Landung selbst war nicht umkämpft, doch schon bald trafen sie auf vereinigten britannischen Widerstand, angeführt von Caratacus und Togodumnus, zwei Söhnen des Stammesführers Cunobelin. Es gibt Berichte von schweren Kämpfen bei zwei Flussüberquerungen. Während es sich bei der zweiten zweifelsohne um die Themse handelte, nehmen einige Forscher an, dass es sich bei der ersten um die Überquerung des Medway gehandelt habe. Bei beiden Gelegenheiten halfen römische Spezialeinheiten – Auxiliartruppen, die mit voller Ausrüstung schwimmen konnten –, die Balance zu halten und den römischen Sieg zu sichern.

Nach der britannischen Niederlage floh Caratacus nach Westen, um den Kampf fortzuführen. In der Zwischenzeit sandte Aulus Plautius die Nachricht nach Rom. Claudius kam – mit einem Gefolge, das auch Elefanten umfasste – nach Britannien, um sein siegreiches Heer bei der Eroberung der befestigten catuvellaunischen Anlage bei Colchester zu führen und um die Unterwerfung von elf britischen »Königen« entgegen zu nehmen. Nach nur 16 Tagen in Britannien überließ Claudius dem Plautius die Beendigung der Eroberung und kehrte nach Rom zurück. Dort feierte er im Jahr 44 n. Chr. seinen Triumph mit den Worten, die auf seinem Triumphbogen in Rom zu lesen sind, er sei »der Erste, der Barbarenvölker jenseits des Ozeans unter römische Herrschaft brachte« (Abb. 19).

▼ **19** *Rückseite der Goldmünze (Abb. 18) mit der Abbildung des Triumphbogens von Claudius in Rom, ergänzt mit einer Reiterstatue des Kaisers und der Abkürzung DE BRITANN, in Anlehnung an seinen Triumph über die Britannier.*

Doch so einfach sollte die Sache nicht sein. Hauptmacht und Flanken waren während der Eroberung relativ sicher. Da Allianzen vor allem mit den Iceni in Norfolk und den Regni in Sussex hinzukamen, hat es den Anschein, dass Plautius die Invasion an mehreren Stellen vorangetrieben hat. Indem er die Legion XX in der Region von Colchester ließ, um das neu gewonnene Territorium zu stabilisieren und um eine Festung zu bauen, teilte er sein Heer in Kampfgruppen auf, die gleichzeitig in den Südwesten, Westen und Nordosten vorrückten.

Geführt jeweils von den ganzen oder beträchtlichen Teilen der Legionen II Augusta, XIV Gemina und XI Hispana, vereinten diese Kampfgruppen Legions- und Auxiliarsoldaten, um bestimmte Qualitäten und spezielle Kampfformen, die auf Landgewinn und die Stärke des Feindes abgestimmt waren, nutzbar zu machen. Die Legion II Augusta, die den Feldzug im Südwesten führte, wurde vom späteren Kaiser Vespasian befehligt. Eine der britannischen Hügelfestungen, die von seinen Truppen eingenom-

◄ **20** *Legionärswaffen (1. Jh. n. Chr.), von links nach rechts: Zwei Lanzenspitzen, Messerscheide und Messer aus Hod Hill, Dorset; ein Schwert und Schwertscheide aus der Themse bei Fulham. Auf der Schwertscheide sind die legendären Gründer Roms abgebildet, Romulus und Remus, die von einer Wölfin gesäugt werden.*

men wurde, war Hod Hill in Dorset, wo Ausgrabungen 1951–1958 das römische Militärlager freilegten, das nachträglich in einer Ecke der Hügelfestung errichtet worden war.

Die ausgegrabenen Gebäudetypen, zusammen mit der Beschaffenheit der römischen Militärausrüstung, demonstrieren deutlich, dass die Abteilungen von Legionsinfanterie und die Auxiliarkavallerie als gemeinsam kämpfende Einheiten anzusehen sind (Abb. 5 und 20). Wegen seiner strategischen Lage wurde Hod Hill für etwa 15 Jahre als Teil eines Netzwerkes von Kastellen und Straßen mit an der Küste gelegenen Nachschubbasen als Garnison genutzt. Diese Einrichtungen sollten die militärische Kontrolle sichern, bis friedliche Verhältnisse die Übergabe der Herrschaft an eine Zivilverwaltung erlaubten.

Im Jahr 47 n. Chr. erstreckte sich das eroberte Territorium nach Norden und Westen bis zur natürlichen topographischen Linie zwischen Exeter und Lincoln. Diese Grenzlinie wurde durch den Bau einer

▼ **21** *Kleine Bronzefigur eines Keilers (1. Jh. n. Chr.), vielleicht von der Legionsstandarte der Legion XX, gefunden bei Camerton, Somerset, in einer wahrscheinlich frühen Befestigung am Fosse Way.*

▲ **22** *Kriegsbeute? Diese kleinen Bronzefiguren (2./3. Jh. n. Chr.) könnten gefesselte britannische Gefangene darstellen, welche für den Sklavenmarkt vorgesehen waren.*

Straße formal gesichert, woraus eine der Hauptstraßen des römischen Britannien (der *Fosse Way*) werden sollte – eine Kampflinie und zugleich ein Kommunikationsweg, aber keine echte Grenze: Sie markierte nur eine Kampfpause, in der Aulus Plautius vom nächsten Statthalter Ostorius Scapula (Abb. 5 und 21) abgelöst wurde.

Ohne die Errichtung einer Grenze und bei dem zu erwartenden großen Reichtum an Mineralien im noch nicht eroberten Gebiet Britanniens blieb viel zu tun. Straßen und Befestigungsanlagen waren nötig, um Gewinne zu sichern und zusammen mit weiteren Legionsstandorten die Eroberung fortzuführen. Vorher musste Scapula sich mit Angriffen feindlicher Stämme auseinandersetzen, die Vorteil aus der Handlungspause zwischen den Statthaltern gezogen hatten. Als nächstes widmete er seine Aufmerksamkeit dem Stamm der Deceanglier im Norden von Wales, der schnell überrannt war. Doch die wilden Bergstämme von Wales, vor allem die Siluren im Süden, erforderten ein anderes Vorgehen, und das römische Heer wurde durch deren Guerillataktik schmerzhaft auf die Probe gestellt. Nichtsdestoweniger waren die Britannier im Jahr 51 n. Chr. im zentralen Wales geschlagen und Caratacus floh in den Norden zu Cartimandua, der Königin der Briganten. In der Annahme, dass sie die römische Unterstützung verlieren würde, wenn sie Caratacus Schutz gewährte, lieferte sie ihn den Römern aus. Doch hielt eine Widerstandsbewegung unvermindert an. Als Scapula im Jahr

▶ **23** *Lebensgroßer Kopf aus Bronze aus der Statue eines Kaisers, vielleicht zur Zeit der Boudicca-Revolte, ursprünglich als Claudius identifiziert. Jüngste Untersuchungen gehen davon aus, dass es sich um den jungen Nero handeln dürfte. Er wurde im Fluss Alde bei Rendham in Suffolk gefunden.*

52 n. Chr. starb, blieben die Siluren ein entmutigend erfolgreicher Feind. Es war zu diesem Zeitpunkt bereits klar, dass die weitere Eroberung von Britannien ein langes und kostspieliges Unternehmen sein würde. Unter den nachfolgenden Statthaltern kam es nur allmählich und vereinzelt zu territorialen Gewinnen.

Erst über 30 Jahre nach der Invasion konnten die walisischen Stämme und die Briganten besiegt und ihr Land besetzt werden.

Wie wertvoll die römische Präsenz in Britannien war, zeigte sich während der Herrschaft Neros (Abb. 23) im Jahr 60 n. Chr. Der Statthalter Suetonius Paullinus, der im Jahr 58 n. Chr. ankam, bezwang schnell den walisischen Widerstand auf dem Festland und wandte sich dann der Insel von Anglesey zu. Doch zum Zeitpunkt seines Sieges erreichte ihn die Nachricht einer ernsthaften Rebellion im Herzen der Provinz. Prasutagus, König der Icener und äußerst wichtiger Bündnispartner, war gestorben. In den Augen der Römer signalisierte dies das Ende des Abkommens und des Status der Icener als Volk eines unabhängigen Königreiches. Offensichtlich ohne Rücksicht auf lokale Sensibilitäten, begann eine arrogante römische Verwaltung sofort mit dem Prozess, das Königreich in die neue Provinz einzugliedern. Der römische Histo-

▼ **24** *Bildliche Rekonstruktion von Boudiccas Rebellen, wie sie den Tempel des Claudius bei Colchester niederbrennen (© Peter Frost/Colchester & Ipswich Museum Service).*

riker Tacitus berichtet, »dass sein (d. h. des Prasutagus) Reich durch Centurionen, sein Haus durch Sklaven wie erobertes Gebiet verwüstet wurde. Gleich zu Beginn wurde seine Frau Boudicca mit Schlägen misshandelt, seine Töchter durch Vergewaltigung geschändet. Alle führenden Persönlichkeiten der Icener vertrieb man, als ob man die ganze Gegend zum Geschenk bekommen hätte, von ihren ererbten Gütern und behandelte die Verwandten des Königs wie gekaufte Sklaven.« (Tacitus, *Annalen* XIV, 31, übers. A. Städele).

Des Weiteren hatten auch die benachbarten Trinobanten, bereits Teil der Provinz, für einige Zeit, so scheint es, furchtbar durch die Hände römischer Siedler gelitten. Des größten Teils ihres besten Landes beraubt, hatten sie gleichwohl eine hohe Steuerlast zu tragen. Und, um noch Salz in die Wunden zu streuen, war der Bau eines monumentalen Tempels für den vergöttlichten Kaiser Claudius in Colchester in vollem Gange, ein Bau, der die Unterwerfung Britanniens unterstrich.

Schriftliche Quellen und archäologische Befunde vermitteln ein anschauliches, wenn auch lückenhaftes Bild von der folgenden Zerstörung: dem Niederbrennen des Tempels und dem Tod der Römer in Colchester, die sich in der Hoffnung auf Schutz im unvollendeten Tempel verbarrikadiert hatten (Abb. 24). Boudicca zielte nun auf Colchester, St. Albans und London, die Hauptzentren von Römern und Einwanderern. Dicke Ascheschichten, die bei Ausgrabungen ans Tageslicht kamen, bestätigen die schriftlichen Berichte von Tacitus und Cassius Dio über die Plünderung dieser Städte. Die Truppen des Paullinus waren zum großen Teil in ihren Regionen durch die üblichen Unruhen gebunden, aber zu seinem Glück schlossen sich die anderen südlichen Stämme den Rebellen nicht an. Kurz bevor die Provinz ganz verloren war, begrenzte er den Schaden, indem er London seinem Schicksal überließ. Er forcierte erfolgreich eine Schlacht irgendwo in den Midlands zwischen den Rebellen und seinem kämpfenden Heer – mit wahrscheinlich nicht mehr als 10 000 Mann. Obwohl die Römer deutlich in der Minderheit waren, wurden die Rebellen geschlagen und erlitten gewaltige Opfer. Mit Boudiccas Selbstmord war die Rebellion zu Ende. Heftige Vergeltungsmaßnahmen folgten.

▲ **25** *Mit Einlagen versehene Bronzestatuette des Kaisers Nero, ursprünglich einen Speer oder ein Zepter haltend und dargestellt als großer Heerführer in der Tradition Alexanders des Großen; wohl aus Barking Hall oder Baylham Mill in Suffolk.*

▲ **26** *Rekonstruktion des steinernen Grabmals von Iulius Classicianus, der wahrscheinlich kurz nach der Boudicca-Revolte 60/61 n. Chr. starb. Von seiner Frau auf einem der römischen Friedhöfe in London errichtet, wurde er demontiert und fand eine Zweitverwendung im 4. Jh. (vgl. Abb. 78).*

Aufgrund der Nachrichten über Chaos und Vernichtung ist es gut möglich, dass Nero in Rom über einen Rückzug aus Britannien nachdachte (Abb. 25). Stattdessen wurde allmählich die Kontrolle wiederhergestellt, und es hat den Anschein, als sei eine Entscheidung mit der Absicht getroffen worden, die gesamte Insel zu erobern.

Eine wichtige, vielleicht entscheidende Rolle in der Befriedung spielte Iulius Alpinus Classicianus, der neue Prokurator Britanniens, zweiter Mann an der Macht nach dem Statthalter. Selbst ein Provinziale (aus dem Rheinland), erkannte Classicianus bald die Sinnlosigkeit und den Schaden durch die Schreckensherrschaft des Paullinus. Zusammen mit dem neuen Statthalter machte er sich daran, Frieden und Wohlstand in der Provinz wiederherzustellen. Allerdings weisen archäologische Funde darauf hin, dass der Aufschwung ein sehr langer Prozess war. Die Bedeutung von London wurde dadurch unterstrichen, dass Classicianus selbst dort residierte und auch begraben wurde. Teile seines Grabsteines wurden 1852 und 1935 gefunden (Abb. 26).

Während eine Politik der Erneuerung in dem wiederhergestellten Teil der Provinz verfolgt wurde, ging die militärische Aktivität im Norden weiter, ausgelöst durch interne Streitigkeiten in Cartimanduas Königreich der Briganten. Gleichwohl fühlte sich Nero im Jahr 67 n. Chr. im Stande, die Legion XIV aus Britannien abzuziehen; etwa zehn Jahre später wurden die drei Haupt- und dauerhaften Legionslager in Caerleon, Chester und York gegründet (Abb. 5 und 27). Da Wales geradezu vollständig besetzt war, konzentrierten sich die Kampfhandlungen auf den Norden Britanniens. Der neue Statthalter Iulius Agricola konnte kaum besser für diese Aufgabe ausgestattet gewesen sein: Fähig, tatkräftig und erfahren, hatte er bereits zwei Stationierungszeiten in Britannien hinter sich, eine davon als Offizier im Stab von Suetonius Paullinus, die andere als Befehlshaber der Legion XX (Abb. 28). Seine lange Amtsperiode als Statthalter (78–84 n. Chr.) war sowohl ereignisreich als auch genau schriftlich belegt (in der von seinem Schwiegersohn Tacitus geschriebenen Biographie), und markierte den Höhepunkt der Expansionspolitik in Britannien. Im Jahr 84 n. Chr. reichten seine Kampfhandlungen im Norden bis zum schottischen Hochland; sie gipfelten in der Schlacht am Mons Graupius, als ein

▼ **27** *Sandsteinaltar (um 100 n. Chr.), von den Haussklaven des Titus Pomponius Mamilianus, dem Befehlshaber der Legion XX, in Chester errichtet. Er war den Göttern Fortuna, Salus und Aesculap gewidmet; der von einer Schlange umwundene Stab des Aesculap, Symbol der Heilkunde, ist auf einer Seite zu sehen.*

▲ **28** Keramikplatte mit Namen und Wildschweinemblem der Legion XX, gefunden in einem Werkdepot der Legion bei Holt, in der Nähe von Chester. Eine Reihe dieser Platten verzierte wahrscheinlich die Dachrinne eines Ziegeldaches.

Bündnis schottischer Stämme von Agricolas Heer geschlagen wurde, das famoserweise komplett aus Auxiliartruppen bestand, während die Legionen in Reserve gehalten wurden.

Es wurde der Bau eines Legionslagers in Inchtuthil begonnen; zwei Hauptstraßen in Nord-Süd-Richtung wurden gebaut, und ein Netzwerk von über 60 Kastellen erstreckte sich bald von Cheshire bis zu den Glens (Abb. 5). Wenngleich einige der Kastelle nur für Teile eines Regiments ausgelegt waren, muss die bloße Anzahl die militärischen Ressourcen ziemlich überfordert haben. Die Situation wurde schon bald unhaltbar, da Truppen abgezogen wurden, um sich mit Krisen an anderen Stellen im Reich zu beschäftigen. Innerhalb weniger Jahre wurden Inchtuthil und die Kastelle nördlich der Clyde-Forth-Landenge aufgegeben; um das Jahr 100 n. Chr. war auch das schottische Tiefland verlassen worden. Die Grenze bestand nun aus einer Reihe von Militärlagern und Wachttürmen, die durch eine Straße zwischen Solway und Tyne miteinander verbunden waren, dem sogenannten *Stanegate*. Wie Tacitus reumütig beobachtete: »Britannien wurde erobert und sogleich aufgegeben« (*Historien* I, 2).

Vindolanda war eines der Stanegate-Kastelle, und die große Mehrheit der Schreibtafeln von Vindolanda gehört in die Zeit zwischen 92 und 115 n. Chr., während der Herrschaftszeiten von Domitian, Nerva und Trajan. Kaiser Hadrian machte die Solway-Tyne-Grenze offiziell, indem er sie etwas über die Stanegate-Kastelle hinaus verlagerte, so dass sie das Hochland beherrschte. Sein Wall, etwa 120 km lang, wurde nach seinem Besuch in Britannien 122 n. Chr. begonnen (Abb. 29). Er hat eine lange und vielschichtige Geschichte. Vieles darüber bleibt ungewiss, doch der ursprüngliche Plan schien eine durchgehende und massive Barriere vorgesehen zu haben, die vom Fluss Tyne bei Newcastle bis Bowness am Solway verlaufen sollte, mit in regelmäßigen Abständen angeordneten Kleinkastellen und Türmen sowie einem Verteidigungsgraben nach Norden. Obwohl

▲ **29** Hadrianswall bei Housesteads Crags (© Roger Clegg).

▶ **30** Steininschrift aus dem Kastell Benwell, nahe der östlichen Grenze des Hadrianswalls, auf der Bauarbeiten der Legion II Augusta festgehalten sind (2. Jh. n. Chr.). Eingearbeitet sind die Legionsstandarte und die Embleme Steinbock (links) und Pegasus (rechts).

von Kontingenten der Legionen errichtet (Abb. 30), waren die hauptsächlichen Garnisons- und Unterstützungstruppen anfänglich Auxiliarregimenter, die in den Stanegate-Kastellen untergebracht waren.

Bald wurde die Entscheidung getroffen, 16 neue Kastelle entlang des Walls zu errichten, um eine schnellere Aufstellung von Truppen zu ermöglichen. Zusätzlich wurde der Wall sowohl in Richtung Osten nach Wallsend als auch in Richtung Westen bis zur ungeschützten Küste in Cumbria erweitert. Eine Straße auf durchgängig geradliniger Erdtrasse hinter dem Wall grenzte das gesamte Gebiet als Militärzone ab. Nach Aelius Spartianus (etwa 330 n. Chr.), dem Biographen Hadrians, wurde der Wall vorgeblich gebaut, um »die Barbaren von den Römern zu trennen«. Die Aufgabe des Walls war aber eher, zu teilen und die Aktivitäten der Stämme auf beiden Seiten der Grenze zu kontrollieren. Das Zusammenrotten feindlicher Streitkräfte könnte dadurch erschwert, die Bewegung von Personen kontrolliert und Handel in die Provinz und aus ihr heraus reguliert und besteuert worden sein.

Nachdem der Hadrianswall errichtet worden war, stellte er eine einzigartige Grenzbefestigung im Römischen Reich dar, und es sind – als wenn sie diesen Umstand unterstreichen würden – drei römische Souvenirs von dem Wall erhalten geblieben (Abb. 31). Es sind kleine Henkelschalen aus Bronze mit farbiger Einlegearbeit aus Emaille und mit den lateinischen Namen einiger der Kastelle am westlichen Ende des Walls beschriftet. Eine Schale hat eine auffallend keltische Verzierung und ihre Inschrift beinhaltet eine verblüffende Phrase – *rigore vali Aeli Draconis* – »entlang

▼ 31 *Römische Erinnerung vom Hadrianswall (2. Jh. n. Chr.). Diese emaillierte Bronzeschale aus Ilam, Staffordshire Moorlands, trägt die Namen der Kastelle am westlichen Ende des Walls.*

▶ **32** Bronzemünzen des Kaisers Antoninus Pius, ausgegeben 154/155 n. Chr. Die Provinz Britannien wird von einer kraftlos aussehenden Frau repräsentiert, die auf Steinen sitzt, was entweder auf die Überwindung von Schwierigkeiten oder auf friedliche Umstände schließen lässt.

der Grenze des Walls« oder vielleicht »entlang der Grenze des Hadrianswalls«. Sie nennt den Besitzer der Schale, Draco oder Aelius Draco, wahrscheinlich ein Soldat, der die Schale als Erinnerung an seine Militärzeit an einer außergewöhnlichen Grenzbefestigung anfertigen ließ (Abb. 31).

Die bloße Größe und Komplexität von Hadrians Grenzbefestigung, eher eine ausgeweitete Basis für die Aufstellung von Truppen als eine schützende Verteidigungsanlage, war ein enormes Unterfangen, das gewaltige Ressourcen in Anspruch nahm. Als Arbeitskräfte dienten wahrscheinlich etwa 15 000 Mann über einen Zeitraum von mehr als zehn Jahren. So ist es um so erstaunlicher, dass innerhalb einiger Jahre, im Jahr 139 n. Chr., unter dem neuen Kaiser Antoninus Pius der Wall von seiner Besatzung verlassen, das schottische Tiefland wieder besetzt und die Grenze um weitere 130 km nach Norden bis an die Clyde-Forth-Landenge verlegt wurde (Abb. 5 und 32). Diese kürzere Befestigungsanlage (der Antoninuswall), eine modifizierte Version des Hadrianswalls, wurde ebenfalls nur wenige Jahrzehnte nach seiner Fertigstellung wieder verlassen.

Das spätere 2. Jahrhundert, vor allem die letzten beiden Jahrzehnte, waren unruhige Zeiten an Britanniens nördlicher Befestigungsanlage, obwohl die schriftlichen Referenzen nicht immer in Übereinstimmung mit den archäologischen Funden stehen, und es ist klar, dass Militäranlagen oft verändert wurden. Aber nach der imperialen Expedition von Severus und seinen Söhnen, Caracalla und Geta, sowie deren mörderischen Feldzügen in Schottland (209–211 n. Chr.), wird der Hadrianswall wieder zur Grenze, und eine lange Periode des (relativen) Friedens folgte.

LEG VIII
AVG

IV

SOLDATEN UND GESELLSCHAFT

»... sende mir etwas Geld so bald wie möglich. Die Tierhäute ... sind bei Cataractonium ... Ich hätte sie schon eingesammelt, aber ich wollte die Tiere nicht verletzen, solange die Straßen so schlecht sind. Schau nach bei Tertius um die 8 (?) *denarii*, die er von Fatalis erhielt. Er hat sie meinem Konto nicht gutgeschrieben ...«

Vindolanda-Tafel, Brief von Octavius an Candidus (um 100 n. Chr.)

◀ **32** *Verzierter Schildbuckel aus Bronze vom Holzschild eines Legionssoldaten (frühes 2. Jh. n. Chr.), gefunden in der Nähe der Mündung des Flusses Tyne.*

▶ **33** *Rekonstruktion der Ausrüstung eines Auxiliarinfanteristen und eines Kavalleristen in der Mitte des 1. Jhs. n. Chr. (gemalt von Karen Hughes).*

Im Jahr 43 n. Chr. begann ein tiefgreifender Wandlungsprozess. Für viele Britannier hat sich das Leben wahrscheinlich nicht signifikant verändert. Die parallel verlaufenden Stränge von Wandel und Kontinuität sind jedoch unverkennbare Merkmale des römischen Britannien.

Die größten Veränderungen schuf der römische Kaiser durch seine Provinzial-Administratoren, doch in der Praxis war es sein Heer, das der einheimischen Bevölkerung den eigentlichen Wandel meist mit Nachdruck und eindeutig nahebrachte (Abb. 34). Während Dinge wie die Einführung der Steuern, des römischen Rechts und des Gebrauchs der lateinischen Sprache sich relativ schnell durchsetzten, blieben viele der vorhandenen Gewohnheiten (Ackerbauverfahren, Besitzverhältnisse, religiöse Praktiken oder Kunstformen) mit wenigen Veränderungen entweder neben neuen Richtungen bestehen oder sie verschmolzen mit ihnen. In den vereinzelten Höfen und Siedlungen der nördlichen und westlichen Gebiete der Provinz scheint der Einfluss der römischen materiellen Kultur sicher geringer gewesen zu sein. Dort waren die Bastionen der römischen Kultur nicht die Städte, von denen es nur eine Handvoll gab, sondern Lager und Kastelle der römischen Garnison – Zentren nicht nur von Kontrolle und allgegenwärtiger potentieller Gewalt, sondern auch von Kaufkraft und romanisierter Lebensweise –, die aus allen Ecken des Reiches beeinflusst und von einer typischen Soldatenmentalität überlagert waren.

Man nimmt an, dass nur sehr wenige der vorhandenen Überreste des römischen Britannien, ob Artefakte oder Bauwerke, ihre Existenz nicht direkt oder indirekt dem Heer verdanken. Anders ausgedrückt, wenn wir die Archäologie des römischen Britannien um das »militärische Material« schmälern, so können wir auf verhältnismäßig wenige Funde der römischen Kultur zurückgreifen. Wenn man bedenkt, dass in Britannien verhältnismäßig

◀ **34** *Rekonstruktion der Ausrüstung eines Legionssoldaten des späten 1. Jhs. n. Chr. (gemalt von R. Pengelly).*

▶ **35** *Grabstein aus Lincoln für Gaius Saufeius, einen Soldaten aus Heraclea in Makedonien, der in der Legion IX Hispana diente und in den 60er Jahren n. Chr. nach 22 Dienstjahren im Alter von 40 Jahren starb.*

sehr viel Militär stationiert war, ist dies kaum verwunderlich.

Mit drei vollständigen Legionen und der dementsprechend großen Anzahl von Auxiliareinheiten während der längsten Zeit der römischen Herrschaft unterschied sich Britannien deutlich von fast allen anderen Provinzen, in denen die Militärpräsenz sehr viel kleiner war. Eine solche Konzentration von Truppen über eine so lange Zeit ist nur zum Teil durch den Widerstand gegenüber der römischen Herrschaft zu erklären. Es wäre denkbar, dass Britannien als entfernte Insel am äußersten Rand des Reiches als zweckdienlicher Ort betrachtet wurde, um Legionen zu isolieren, etwa wenn die Autorität eines Kaisers bedroht war. Dennoch könnte die Erklärung profaner sein, denn die Herrschaft Hadrians stellte ein Ende der imperialen Expansion dar, nach der Garnisonen dazu tendierten, in ihren Provinzen zu bleiben und nur in Krisenzeiten mobilisiert zu werden. Aus welchem Grund auch immer, diese Konzentration von Truppen verursachte einen permanenten und beträchtlichen Abfluss von Britanniens Ressourcen.

Die Besatzung Britanniens umfasste Legions- und Auxiliartruppen. In den ersten beiden Jahrhunderten n. Chr. bildeten die Legionen das Rückgrat des römischen Heeres. Jede Legion bestand aus etwa 5000 Eliteinfanteristen – schwer bewaffnet, hochqualifiziert und äußerst diszipliniert (Abb. 34). Rekruten waren römische Bürger aus dem ganzen Reich, welche die Anforderungen an Gesundheit und Statur erfüllten und sich für 25 Jahre verpflichteten, normalerweise im Alter zwischen 18 und 20 Jahren (Abb. 35). Die Ausbildung war hart, aber gut bezahlt; gute Aufstiegschancen und eine beträchtliche Zuteilung von Land oder Geld im Ruhestand gewährleisteten den konstanten Zustrom an Rekruten.

▲ 36 Schildbuckel aus Bronze vom Fluss Tyne, beschriftet und verziert mit dem Namen und dem Stier-Emblem der Legion VIII Augusta, von der ein Teil in Britannien unter Kaiser Hadrian diente.

Jede Legion wurde von einem Legionskommandanten befehligt, einem Mann von senatorischem Rang, der gewöhnlich in seinen frühen 30er Jahren vom Kaiser selbst ernannt wurde. Er wurde von sechs Legionstribunen unterstützt. Doch die erfahrensten und kampferprobtesten Soldaten in der Legion waren die 60 Centurionen, von denen jeder eine »Centurie« von 80 Mann befehligte. Sie führten die Soldaten auf dem Schlachtfeld und waren üblicherweise für den Ausgang des Kampfes von entscheidender Bedeutung. Erfahrung und Verantwortung schlugen sich in ihrem Sold nieder – über 20 Mal so hoch wie der eines einfachen Legionärs. Auch andere hatten die Gelegenheit, ihren Status und ihren Sold zu steigern, denn die komplexe Legionshierarchie berücksichtigte auch viele Männer, wie Kunstschmiede, Buchhalter, Standartenträger, Musiker und Ärzte, die besonderes Fachkönnen oder Aufgabenbereiche hatten. Die erste Stufe auf der Beförderungsleiter war die Freistellung von unangenehmen Aufgaben, von der aus ein Soldat zuerst zum anderthalbfachen und dann zum doppelten Sold aufsteigen konnte.

Die charakteristischsten Gegenstände der Legionsausrüstung waren die schwere Lanze (*pilum*) (Abb. 20) und der gebogene rechteckige Schild (*scutum*) (Abb. 36). Ebenso charakteristisch, wenn auch nicht ausschließlich für die Legionen, waren der Dolch (*pugio*), das Kurzschwert mit kurzer Klinge (*gladius*) und die mehrteilige Rüstung (Abb. 34). Diese Art Rüstung wurde im 1. Jahrhundert n. Chr. entwickelt und diente als effektiver Schutz gegen Hiebe mit Langschwertern. Verschiedene Arten von Helmen wurden getragen, entweder aus Bronze oder Eisen oder aus einer Kombination der beiden (Abb. 33, 38). Allen Helmen gemeinsam waren gewölbte Helmglocken mit beweglichen Wangenklappen und einem integrierten Nackenschutz, der Kopf, Nacken und Schultern schützte, während der Stirnschutz konstruiert wurde, um Schwerthiebe vom Gesicht abzulenken. Die Soldaten wurden mit Waffen und Ausrüstung ausgestattet, welche sie nach Beendigung ihres Dienstes dem Lager zurückgeben mussten. Manche Soldaten versahen individuelle Teile mit ihrem Namen, vermutlich, um Verlust oder Diebstahl vorzubeugen (Abb. 37). Es scheint, dass Individualität auch durch Verzierung bestimmter Gegenstände wie Schwert- und Dolchscheiden, Helmen oder Schildabdeckungen (Abb. 39) ausgedrückt werden konnte.

Daneben wurde die schwere Infanterie der Legionen von »Hilfs«-Regimentern (*auxilia*) ergänzt. Ihre Soldaten besaßen kein römisches Bürgerrecht. Meist waren es ungefähr 500 Mann, die vornehmlich leichte Infanterie und Kavallerie bildeten und zu denen ebenfalls Spezialisten gehörten, insbesondere Bogenschützen, Schleuderer und jene, die in voller Ausrüstung schwimmen konnten. Ein kleines, aber bedeutendes Aufgebot bestand aus Marineeinheiten der britannischen Flotte (*classis Britannica*), einem Zweig

▼ **37** *Detail des Schildbuckels (Abb. 36) mit eingepunztem Namen des Besitzers Iunius Dubitatus, einem Soldaten der Legion VIII Augusta.*

◀ **38** *Bronzener Legionärshelm aus London mit Wangenklappe und Fahnenhalter an der Seite, einem Stirnschutz vorne, einem ausladenden Nackenschutz hinten und einem Helmbuschhalter oben (1. Jh. n. Chr.).*

▲ **39** *Bronzehelm mit Verzierung in britannischem Stil auf dem breiten Nackenschutz. Als Fundort wird der Norden von England angenommen; wahrscheinlich wurde der Helm für einen römischen Auxiliarsoldaten während des 1. Jhs. n. Chr. hergestellt.*

der römischen Kriegsflotte, geschaffen bei der Vorbereitung auf die Invasion in Britannien.

Mit der Hauptbasis in Dover, operierte die Flotte in enger Verflechtung mit den römischen Landstreitkräften als Angriffsspitze und mit einer Schlüsselrolle bei der militärischen Versorgung. Agricolas Feldzüge im Norden von Schottland hingen sehr stark von der Marineunterstützung und Aufklärungsberichten ab. Teile der Flotte umrundeten, erkundeten und kartierten die Küsten von Schottland und Irland. Die Flotte erlangte im 3. Jahrhundert n. Chr. wieder Bedeutung, als vor allem die Süd- und Ostküsten in Gefahr waren (vgl. Kapitel IX).

Auxiliareinheiten, die ursprünglich als Aufklärer und Flankenschutz bei Feldzügen und routinemäßig zum Patrouillieren und Verteidigen eingesetzt wurden, schlossen sich bald den Legionen an der Spitze der Schlacht an (Abb. 33). Die Infanterieregimenter (*cohortes peditatae*) waren immer zahlreicher als die teuren Flügel (*alae*) aus der Kavallerie; jedoch erwiesen sich gemischte Einheiten von Fuß- und Reitertruppen (*cohortes equitatae*) als äußerst wendig und wurden zunehmend populär. Im Jahr 122 n. Chr., als Hadrian Britannien besuchte, bestanden die Auxiliartruppen aus 14 *alae* und ungefähr 47 *cohortes*, von

◀ **40** *Bronzefigur aus London, die einen der nordafrikanisch-maurischen Kavalleristen zeigt, die wegen ihrer geschickten Reitkunst berühmt waren. Ursprünglich saß er auf einem Pferd, hat unverkennbare Rastalocken, mit Silber eingelegte Augen und einen runden Schild.*

denen sieben Einheiten doppelte Größe hatten, zusammen ungefähr 35 000 Mann.

Die *alae* waren die angesehensten Auxiliareinheiten, obgleich sie weiterhin einen niedrigeren Rang als die Legionen einnahmen. Sie waren von besonderer Wichtigkeit, weil die Legionen selbst über keine eigenen Reiterabteilungen verfügten. Ihre Beweglichkeit gab ihnen oft eine entscheidende Rolle während des Höhepunkts einer Schlacht. Sie wurden auch häufig dafür eingesetzt, einen Sieg durch Verfolgung und weiteres Bedrängen eines geschlagenen Feindes zu festigen (Abb. 12, 40).

Auxiliarsoldaten wurden normalerweise aus den neuen Provinzen oder von Völkern außerhalb des Reiches rekrutiert. Ihre Kleidung und Ausrüstung spiegelte bisweilen ihre Herkunft wider (Abb. 40). Im Allgemeinen jedoch trugen sie während des 1. bis 3. Jahrhunderts n. Chr. einen gewappneten Uniformrock aus Kettenpanzer oder mit Bronzeplatten und führten einen flachen Ovalschild mit sich (Abb. 33). Ihre Schwerter waren meist länger als das *gladius* der Legionäre. Die Speere unterschieden sich je nach Einheit; die schmalblättrige Lanze fand besonders bei der Kavallerie Verwendung. Dennoch lag ein Großteil des Erfolges der römischen Armee in deren Fähigkeit, sich auf die Begegnung mit verschiedenartigen Feinden einzustellen. Demzufolge entwickelten sich die Art der Ausrüstung sowie die Zusammensetzung der Einheiten beständig weiter. Nach Beendigung der 25 Dienstjahre wurde einem Auxiliarsoldaten und seinen Kindern mit dem Bürgerrecht auch das Recht einer legalen Heirat gewährt. Diese wertvollen Rechte erlaubten es einem Soldaten, sowohl seinen eigenen als auch den Status seiner Familie beträchtlich an-

▲ **41** *Bronzenes diploma aus Malpas, Cheshire, von Kaiser Trajan im Jahr 103 n. Chr. ausgestellt. Es beurkundet die Rechte auf Bürgerschaft und legale Heirat von Reburrus, einem Legionstribunen spanischer Herkunft, der in Britannien gedient hatte.*

▲ 42 *Überreste des hadrianischen Kastells und seines Paradeplatzes, errichtet nahe dem Gipfel des Hardknott-Passes, Cumbria, im 2. Jh. n. Chr. (© English Heritage Photo Library).*

zuheben, und er erhielt eine eigene Kopie seiner neuen Rechte in Form von einem Paar beschrifteter Bronzeplatten wie jenem des Kavalleristen Reburrus (Abb. 41).

Im Gefecht wurden die sich gegenseitig ergänzenden Rollen der Legionäre und Auxiliare für eine verheerende Wirkung auf die gegnerische Streitmacht genutzt. In ähnlicher Weise unterschieden sich ihre Aufgaben außerhalb eines Kampfes in Friedenszeiten, um Ressourcen zu maximieren. Routinemäßiges Patrouillieren und Überwachen wurden gewöhnlich von Auxiliaren, umfangreiche Bauprojekte von Legionären, ausgeführt. Wenn keine aktiven Feldzüge stattfanden, war es jedenfalls entscheidend, sicherzustellen, dass alle Truppen vollauf beschäftigt waren; denn es war teuer, sie zu unterhalten und die jeweiligen Machthaber fürchteten stets, dass Soldaten, die Zeit zur Verfügung hatten, leichter auf Abwege geführt werden könnten.

Das Hauptinteresse galt dem Training, Exerzieren und dem Durchführen von Manövern, wie es in Schriften militärischen Inhalts beschrieben und durch die Entdeckung von Paradeplätzen, Übungsplätzen und Amphitheatern außerhalb vieler Lager und Kastelle, wie bei Caerleon, Chester, Maryport, South Shields und Hardknott (Abb. 42) bestätigt wird. Waffendrill und Fußmärsche waren der Kern des Infanterietrainings, während für die Einheiten der Reiterei ständige Aufmerksamkeit notwendig war, um sie auf der Höhe ihrer Fitness und Leistungsfähigkeit zu halten. Regelmäßige Paraden erlaubten den befehlshabenden Offizieren, ihre Truppen zu inspizieren. Die wohl spektakulärsten Ereignisse waren die Sportveranstaltungen (*hippika gymnasia*) der

Kavallerie. Gezeigt wurden auffallende militärische Reitkunst und Waffendrill zu Pferd, verbunden mit Disziplin und sekundengenauem Timing (Abb. 43, 44). Sie kulminierten in nachgeahmten Kämpfen zwischen den Elitereitern der Einheit, normalerweise in Gestalt von Griechen und Amazonen, die aufwändige Kostüme als Paradeausrüstung trugen.

Anfänglich wurden die Legionen bei großangelegten Bauprojekten beschäftigt, weil sie ein großes Arbeitskräftepotential mit vielen verschiedenen Spezialisten vereinten – Architekten, Mechaniker, Landvermesser, Maurer, Zimmerleute und Schmiede. Ihr Hauptanliegen galt ihren eigenen gewaltigen Kastellen, den *coloniae* der pensionierten Legionäre (vgl. Kapitel VII), den Grenzbefestigungen, den Straßen und der Verkehrsinfrastruktur. Doch bald trugen auch die Auxiliartruppen zum Bau und zu den Instandhaltungsarbeiten bei. Lager und Kastelle hatten gleichermaßen Werkstätten (*fabrica*), in denen Waffen und Ausrüstung repariert werden konnten. Für spezialisiertere oder umfangreichere Wartung sowie die Produktion (Tonwaren- und Ziegelproduktion eingeschlossen) waren besondere Werkdepots notwendig, wie bei Corbridge, Holt (nahe Chester) und Walton-le-Dale (Abb. 28).

▼ **43** *Rekonstruktion zweier Kavalleristen die sich auf die hippika gymnasia vorbereiten (um 100 n. Chr.). Die Ausrüstung von Pferd und Reiter rechts basiert auf Objekten des Hortfundes aus Ribchester, Lancashire (gemalt von Karen Hughes).*

44 Hortfund von Militärausrüstung, wahrscheinlich die Besitztümer eines einzelnen Kavalleristen aus Ribchester, Lancashire, vergraben um 120 n. Chr. Er wurde 1796 vom Sohn eines Holzpantoffelherstellers entdeckt.

DER HELM VON RIBCHESTER, *ein aus zwei Teilen geprägter Helm aus Messing, bestehend aus einem Kopfteil mit Schirm und einer aufklappbaren Gesichtsmaske, die am Hals mit Lederriemen befestigt wurde. Dies ist eines der schönsten Beispiele für die von Elitekavalleristen während der farbenfrohen Zurschaustellungen der Kavallerie (hippika gymnasia) getragenen Helme. Passenderweise stellt die Szene auf dem Kopfteil (oben) ein Scharmützel zwischen Kavallerie und Infanterie dar.*

AUGENSCHUTZ. *Diese seltsam aussehenden Objekte schützten die Augen eines Pferdes in der Schlacht. Aus durchlochter Bronze hergestellt, wurden sie zur Dekoration an Leder-Chamfrons befestigt, die die Stirnseite eines Pferdekopfes umhüllten; sowohl Pferd als auch Reiter waren maskiert.*

KAVALLERIE-SPORTARTEN 2.JH.N.CHR.

MESSINGBESCHLAG für Pferdegeschirr. Reich verzierte Ornamente, bestehend aus silberplattierten Scheiben, Sattelplatten und Anhängern.

BAD-NÄPFCHEN. Zwei flache Bronzeschöpfer, mit denen der Körper im Bad übergossen wurde.

REIBSCHALE. Eine getöpferte Misch-Schale mit gerauter Oberfläche; weit verbreitet unter dem Geschirr in römischem Stil.

KASSEROLLE (KOCH-GESCHIRR) aus Bronze (zerbrochen) zur Herstellung von Mahlzeiten, gehörte zur Standard-Ausrüstung römischer Soldaten.

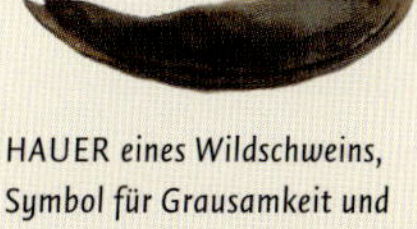

HAUER eines Wildschweins, Symbol für Grausamkeit und Männlichkeit, vielleicht eine Jagdtrophäe; ursprünglich von dem Kavalleristen als Glückbringer irgendwo befestigt und getragen.

▲ **45** *Ein 68,27 kg schwerer Bleibarren aus Hints Common, Staffordshire. Die Beschriftung nennt die Kaiser Vespasian und Titus, datiert den Barren auf das Jahr 76 n. Chr. und zeigt an, dass das Blei aus dem Gebiet der Deceangli im Nordosten von Wales kommt.*

Selbstversorgung war daher folgerichtig die Politik des Militärs in Britannien wie auch anderswo. Aber es gab auch viele Kontakte sowie eine Zusammenarbeit mit der zivilen Bevölkerung, sei es bei der Sicherstellung der Verpflegung für das Heer, durch Mitwirkung bei öffentlichen Bauprojekten oder in der regionalen Verwaltung.

Die großen Forum-Basilika-Komplexe und Bäder an Standorten wie London, St. Albans, Wroxeter und Leicester dürften die architektonischen Fähigkeiten und Führungsqualitäten des Militärpersonals angezogen haben, auch wenn die Initiative von der jeweiligen Stadtverwaltung ausging. Die Streitkräfte halfen auch in der Verwaltung, zum Beispiel bei der Überwachung des Abbaus und Transportes von Metallen, über die der römische Staat das Monopol hatte (Abb. 45). Gewiss wurde keine Zeit beim Abbau vergeudet. Selbst während Feldzüge im Gange waren, hielt im Jahr 49 n. Chr. die Ausbeutung von Bleiglanz oder *galena* in den Bergen von Mendips an. Danach übernahm der *procurator* die Kontrolle. Blei aus den Mendips, North Wales und Derbyshire wurde in großen Mengen für die wasserdichte Dachdeckung, die Abdichtung von Bädern sowie die Herstellung von Rohrleitungen und Wasserbecken gebraucht. Metallbarren, ob aus Silber, Blei oder Kupfer, wurden mit offiziellen Produktstempeln markiert, oftmals mit Gegenstempeln, um deren Umlauf zu kontrollieren. In Dolaucothi nahe Pumpsaint, Dyfed in Wales, wurde die Goldgewinnung sorgfältig von einer Militäreinheit des angrenzenden Lagers überwacht (Abb. 5, 46). Sogar die Eisenproduktion wurde in einigen Gegenden vom Militär kontrolliert, wie im *Weald of Kent*, wo Abteilungen der britannischen Flotte (*classis Britannica*) eingebunden zu sein schienen.

Während textliche und archäologische Befunde Licht auf die Aktivitäten der Legionen und gelegentlich auf das von Einzelpersonen geworfen haben, gewährt die Entdeckung der Vindolanda-Tafeln einen anschaulichen und lebendigen Blick auf das alltägliche Leben und die persönlichen Sehnsüchte von Soldaten bei der Arbeit und in ihrer arbeitsfreien Zeit (vgl. Kapitel V). So bruchstückhaft viele von ihnen sind – die bloße Vielfalt und die Details der Briefe und Dokumente sind einfach erstaunlich

(Abb. 60, 61). Die mit Tinte geschriebenen Tafeln, die ihre gute Erhaltung dem Vergraben in wassergesättigtem Boden verdanken, sind hauchdünne Holzscheiben (vorwiegend aus Birken- und Erlenholz) mit Texten, die mit Karbontinte geschrieben wurden, wobei man federkielähnliche Schreibfedern verwendete (Abb. 47).

Unbekannt vor ihrer Entdeckung bei Vindolanda 1973, sind solche Tafeln seitdem auch an anderen Stellen in Britannien gefunden worden, vor allem in Carlisle, bislang aber nur in geringerer Zahl. Dennoch scheinen sie in Britannien als auch in einigen nordwestlichen Provinzen weit verbreitet gewesen zu sein. Zuvor dachte man, dass das gebräuchliche »Briefpapier« wachsbeschichtete Stilus-Tafeln und Papyrus gewesen seien (Abb. 53). Die meisten Tafeln sind offizielle Dokumente, die sich auf die Belegung des Lagers mit aufeinanderfolgenden Auxiliarregimentern beziehen. Darunter sind Listen, Memoranden, Berichte, Urlaubsgesuche und -genehmigungen, die Licht auf die Feldstärke einer Einheit, Militärroutine und Pflichten, Abordnung von Personal, Transport und Medizin, Bargeschäfte und die Beschaffung und Verteilung einer großen Auswahl von Nahrungsangeboten, Kleidung und Ausrüstung werfen.

Von großer Bedeutung – und das erste seiner Art aus Britannien – ist ein Militärdokument, das die Feldstärke der Garnisonseinheit von Vindolanda um die Jahre 92–97 n. Chr. genau beschreibt, die *Erste Kohorte* der Tungri. Dies war ein Regiment doppelter Größe mit einer Nominalstärke von 800 Mann, rekrutiert im nördlichen Gallien. Die Tafel zeigt, dass sie nahe an ihrer vollen Sollstärke war, wenn auch um vier Centurien kleiner als die normalen zehn. Dennoch, von den 752 auf der Liste aufgeführten Soldaten waren nur 296 in Vindolanda anwesend, von denen nur 265 diensttauglich waren; die Übrigen waren krank oder verwundet. Von den Abwesenden stellte die große Mehrheit eine einmalige Abordnung von 337 Mann zu einem Einsatz im nahegelegenen Corbridge (Coria), während weitere 46 Mann zum Dienst als Garde des Statthalters der Provinz abgezogen und einem Mann namens Ferox zugeordnet waren, welcher der Kommandeur der Legion IX Hispana in York gewesen sein könnte. Der Text auf diesem einzelnen Holztäfelchen verdeutlicht die komplexe Militärlogistik, die uns gewöhnlich verloren gegangen ist.

▼ **46** *Edelsteinset, emaillierter und filigraner Goldschmuck, bestehend aus einem Finger-Ring, einem Armband mit Scharnieren und Halsschmuck. Gefunden in Rhayader, Powys, Wales, hergestellt während des 1. oder 2. Jhs. n. Chr.*

▲ 47 *Holztafel eines mit Tinte geschriebenen Briefes von Octavius an Candidus (um 100 n. Chr.); Vindolanda, Northumberland.*

Eine weitere Neuheit, die Licht auf die tagtägliche Militärroutine wirft, sind mehrere Beispiele einer zuvor unbekannten Dokumentenart mit dem Titel *renuntium* (»Bericht«). Diese scheinen Kontrollen von Personal und Ausrüstung zu sein – Protokolle im Stil von »alles vorhanden und in Ordnung« –, die in regelmäßigen Abständen erstellt und den stellvertretenden Centurionen (*optiones*) übergeben wurden. Vielleicht eines der denkwürdigsten Militärdokumente ist ein spannendes Fragment von einer Art Bericht, in dem die Tauglichkeit von Einheimischen für den Militärdienst behandelt wird. Da der Verfasser diese als *Brittunculi* beschreibt, ein abschätziger Ausdruck, der übersetzt etwa »Britannierlein« bedeutet, lässt auf ein sehr arrogantes, wenn nicht sogar verachtendes römisches Militärregime schließen.

Viele andere Tafeln sind allerdings private Briefe, die an die dienenden Soldaten und Offiziere geschickt oder gelegentlich auch von diesen geschrieben wurden. Wir lesen von Hoffen auf Beförderung, Bitten um Empfehlungsschreiben und angesetzten Gesprächsterminen mit hohen Amtspersonen einschließlich des Statthalters der Provinz. Bedeutsam sind einige Briefe, in denen die Ehefrauen von Offizieren eine Geburtstagsfeier arrangieren (Abb. 60, 61) und Krankheiten besprechen. An anderer Stelle schreiben einfache Soldaten nach Hause und bitten um Socken und Unterhosen, oder sie schelten ihre Kriegskameraden, weil sie Briefe nicht beantworten. In dem längsten und am besten erhaltenen Text – einem anspruchslosen Geschäftsbrief, der gefaltet wurde, bevor die Tinte trocken war – erfahren wir vom enormem Ausmaß an

▶ **48** *Bronzestatuette des Gottes Mars aus Fossdyke, Torksey, Lincolnshire. Die ungewöhnlich detaillierte Inschrift auf dem Sockel nennt Bruccius und Caratius als Stifter, Celatus als Künstler und die mit der Herstellung verbundenen Kosten (1.–3. Jh. n. Chr.).*

bevorrateten Gütern, durchsetzt mit häufigen Erwähnungen großer Summen an Bargeld (Abb. 47).

Wir erfahren außerdem von unterschiedlichen Weisen, wie Einzelpersonen ihre freie Zeit gestalteten, sowie von einigen Unterhaltungen, an denen sie sich erfreuten. Während Soldaten um Beurlaubung baten, um die »Glanzlichter« des nahegelegenen *Coria* zu besuchen und um sich Extra-Rationen oder Luxusartikel für die vielen religiösen Festivitäten zu kaufen, forderten Offiziere mehr Bier für ihre Männer an oder korrespondierten über Jagdhunde, Netze und Fallen für die Jagd, einem gern ausgeübten Zeitvertreib derjenigen, denen sich die Gelegenheit dazu bot (vgl. Kapitel VII).

Bestürzend ist der Text einer Zivilperson, »eines Bürgers aus dem Ausland«, der bei den Ermächtigten – vielleicht beim Statthalter selbst – um eine Entschädigung für ungerechtfertigte Prügel nachsucht. Der Text erinnert an die Brutalität, die jeden Augenblick ausbrechen konnte. Zusammengenommen geben uns die Vindolanda-Tafeln eine faszinierende Sicht auf die breitgefächerten Verpflichtungen und Aktivitäten eines Auxiliarregiments in Friedenszeiten und das enorme Ausmaß an »Papierkram«, das von der römischen Armee in Britannien erstellt wurde.

Jagen, religiöse Praktiken und Affären mit Frauen in den Garnisonssiedlungen sind einige der Aktivitäten, die durch andere archäologische Funde bestätigt wurden. Es waren beschriftete Steinaltäre oder Statuetten, die Mars, Jupiter, Mithras oder anderen Göttern mit besonderem Bezug zum Militär gewidmet wurden (Abb. 48); Amulette, wie der Wildschweinhauer, der mit einer Paradeausrüstung in Ribchester gefunden wurde (Abb. 44); oder Grabsteine, die von oder für Ehefrauen und Kinder errichtet wurden (Abb. 49, 50). Zweifellos, denjenigen Soldaten, die ihre volle Dienstzeit überlebten,

◀ **49** *Grabstein aus Old Penrith, Cumbria, errichtet für Marcus Cocceius Nonnus, der im Alter von sechs Jahren starb (frühes 2. Jh. n. Chr.). Der Junge ist mit einer Peitsche und dem Palmzweig eines siegreichen Wagenlenkers abgebildet; römische Symbole für den Sieg über den Tod.*

▶ **50** *Grabstein aus Lincoln für Titus Valerius Pudens, einem Soldaten aus Savaria (heutiges Ungarn), der im Alter von 30 Jahren starb – nach sechs Dienstjahren in der Legion II Adiutrix (1. Jh. n. Chr.).*

gab die Armee Sicherheit, bezahlte sie gut und kümmerte sich um ihre Gesundheit und Fitness.

Im Ruhestand mögen einige an ihre Geburtsorte zurückgekehrt, in eine andere Provinz gezogen sein, ein Heim oder ein Geschäft in einer der britannischen Städte errichtet oder vielleicht einen Landsitz oder einen Hof gekauft haben. Doch viele machten wahrscheinlich nur den kurzen Umzug in eine der angrenzenden oder nahegelegenen Garnisonssiedlungen, eine Militärkommune, in der sie sich zu Hause fühlten. Die Garnisonssiedlungen reichen von den umfangreichen und relativ hoch entwickelten Zivilsiedlungen beispielsweise bei Caerleon, Chester und York bis hin zu den eher bescheidenen *vici* und kleineren Orten außerhalb der Auxiliarlager – aber die meisten vereinte eine ähnliche Mischung ihrer Einwohnerschaft: Veteranen, Bürger, Zivilpersonen und Sklaven, Kaufleute, Händler, die Kinder von Soldaten (Abb. 49), Ehefrauen, Geliebte und Prostituierte. Vor allem Legionäre begannen ihren Ruhestand mit beträchtlichem Vermögen und Ansehen, basierend auf einer Zuteilung von Land oder einer beachtlichen Abfindung in Bargeld. Wie auch immer es ihnen erging, diesen Veteranen war durch ihre Mitgliedschaft in einem Militärbegräbnis-Club (*collegium*) eine anständige Beisetzung sicher, finanziert durch festgelegte Abgaben von ihrem Gehalt während ihrer Dienstzeit. Obwohl ein Grabstein nicht darin enthalten war, wurden das Begräbnis selbst und die Begräbnisfeier abgedeckt. Bei solchen Zusammenkünften mischten sich bei Beschwörung, Gesang und Unterhaltung die vielen verschiedenen Sprachen der Menschen britannischer, germanischer und gallischer Abstammung mit denen der Menschen aus anderen Teilen Europas, des Mittleren Ostens und Nordafrikas (Abb. 50).

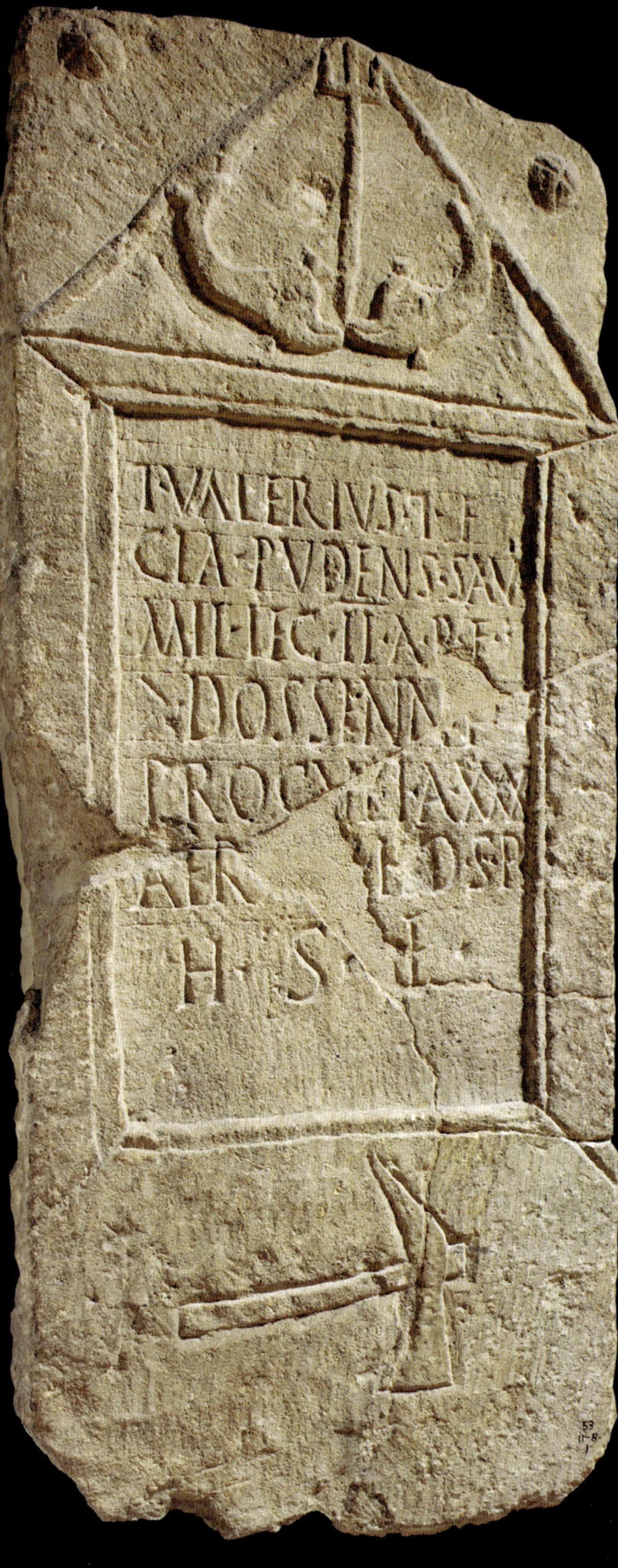
T·VALERIVS·T·F
CLA·PVDENS·SAV
MIL·LEG·II·A·P·F
DOSSENN

V

SPRACHE UND BILDUNG

»[Agricola] begann die Söhne des Stammesfürsten durch eine liberale Erziehung auszubilden … Demzufolge fing die Nation, die eigentlich die lateinische Sprache ablehnte, an, sich der Rhetorik zuzuwenden. Ferner … kamen die Toga in Mode, … die Promenade, das Bad, die gut ausgestattete Festtafel.«

Tacitus, *Agricola* XXI, 2

◀ *Geburtstagseinladung für Sulpicia Lepidina (um 100 n. Chr.). Schrifttafel aus Holz, Vindolanda, Northumberland.*

In dem Moment, als römische Soldaten ihren Fuß auf britannischen Boden setzten, begann für Britannien die »Geschichte« – von nun an besitzen wir schriftliche Quellen. Die keltischen Sprachen des eisenzeitlichen Britannien wurden gesprochen und nicht geschrieben. Die wenigen schriftlichen Überbleibsel aus der Zeit vor der Eroberung sind vor allem Namen, die in lateinischen oder griechischen Buchstaben geschrieben und für den Gebrauch auf britannischen Münzen angepasst wurden (Abb. 15).

Ein Teil der einheimischen Britannier könnte schon vor der Eroberung in Latein gebildet gewesen sein, war möglicherweise sogar in Rom »ausgebildet« worden. Latein sollte die offizielle Sprache in Britannien für die vier Jahrhunderte römischer Herrschaft bleiben. Es war die Sprache der römischen Gesellschaft in den westlichen Provinzen des Reiches, in der Gesetzgebung, der Verwaltung und des Handels. Für alle, die mit der römischen Verwaltung zu tun hatten, war es notwendig sowohl Latein verstehen als auch sprechen zu können, und für einige dürfte es auch wichtig, von Vorteil und wünschenswert gewesen sein, die Sprache sowohl zu lesen als auch zu schreiben (Abb. 51).

Es ist unmöglich zu sagen, wie viele Menschen in Britannien der lateinischen Sprache mächtig waren oder genaue Zahlen oder Prozente des Bildungsgrades abzuschätzen, doch können wir wenigstens eine Staffelung von Verstehen und Sprechen hin zu Sprechen und Schreiben annehmen. Durch den Kontakt mit der Verwaltung und dem Rechtssystem des Heeres kann sicher von einer Grundkenntnis der gesprochenen Spra-

▶ **51** *Bronzene Kasserolle aus Prickwillow, Cambridgeshire (2. Jh. n. Chr.). Der Name des Künstlers, BODVOGENVS, der an die britannisch-keltischen Namen Boduoc und Boudicca erinnert, ist auf dem verzierten Griff zu erkennen.*

▲ **52** *Kleiner bronzener Ölbehälter für den Gebrauch beim Baden, verziert mit drei Köpfen von Schwarzafrikanern (2. Jh. n. Chr.). Er wurde mit anderen Badeaccessoires in einem Grab bei Bayford, Kent, gefunden.*

che selbst bei denjenigen ausgegangen werden, die nicht lesen oder schreiben konnten. Doch was verstehen wir überhaupt unter Bildung?

Heutzutage hat Analphabetismus eine negative Konnotation. Aber wie können wir eine Person, die in einer einzigen Sprache sprechen, lesen und schreiben kann, mit einer Person vergleichen, die mehrere Sprachen versteht und spricht, jedoch in keiner lesen und schreiben kann? Die Gesellschaft der späten Eisenzeit in Britannien war aufgrund der fehlenden Lese- und Schreibfähigkeit nicht zwangsläufig ungebildet, sondern lediglich anders. Sobald allerdings Britannien römische Provinz wurde, war Lesen und Schreiben in Latein für diejenigen entscheidend, die Positionen mit Macht und Einfluss suchten oder diese behalten wollten. Trotzdem waren Latein und Britannisch nicht die einzigen Sprachen, die man hören konnte, denn das Römische Reich vereinte viele verschiedene Kulturen durch Handel, Militärdienst und Verwaltung. Selbst in Städten und Militärlagern einer fernen Provinz wie Britannien verband die ethnische Vielfalt Men-

53 Eine Auswahl an Schreibobjekten für Tinte und auf Wachs aus verschiedenen Fundstätten des römischen London (1.–2. Jh. n. Chr.).

TINTENFASS *aus braun überzogenem Ton mit einer Überlaufrille, in Latein eingraviert ist der persönliche Name* IVCVNDI, *was »Eigentum des Iucundus« bedeutet. Die darin enthaltene Tinte wurde aus Leim, Ruß und Wasser hergestellt und ist eher mit unserer Ausziehtusche vergleichbar. Sie wurde wahrscheinlich in pulverisierter Form gehandelt und aufbewahrt, um sie bei Bedarf mit Wasser zu mischen.*

SCHREIBFEDERN. *Zwei flache Eintauchschreibfedern aus Bronze mit geteilter Schreibspitze, zum Schreiben mit Tinte auf Papyrus oder auf Holztafeln wie jenen aus dem Lager in Vindolanda. Einfachere und billigere Schreibfedern aus Schilfrohr oder Federkielen waren wahrscheinlich gebräuchlicher als diese aus Metall, sind jedoch nicht überliefert.*

SCHREIBAUSRÜSTUNG 1.–2. JH. N. CHR.

STILUS-TAFELN. Schreibtafeln aus Holz. Sie wurden in einer mit Wasser gesättigten Schicht gefunden, die den üblichen Prozess des Verfalls verhinderte. Ihre Innenseite war eingetieft, um eine Wachsschicht aufzunehmen, in die Briefe und Dokumente mit einem spitz zulaufenden Griffel geschrieben wurden.

GRIFFEL AUS EISEN zum Schreiben auf der gewachsten Oberfläche von hölzernen Stilus-Tafeln. Wie der Griffel aus Bronze (unten) hat er eine spitz zulaufende Schreibspitze, einen schmalen Griff und eine keilförmige Löscheinrichtung. Er ist aus Eisen und trägt den Namen des Herstellers, Regnus.

BRIEFPAPIER. Die Außenseite dieser Stilus-Tafel der Regierung trägt ein offizielles Brandzeichen in abgekürztem Latein: PROC AVG DEDERVNT BRIT PROV: »Ausgestellt von den kaiserlichen Prokuratoren der Provinz Britannien«.

GRIFFEL MIT BRONZEGRIFF. Wohl wertvoller als der Griffel aus Eisen (oben), verbindet er eine strapazierfähige Eisenspitze mit einem reich verzierten Griff aus Bronze.

FRAGMENT EINES BRIEFES. Der Verfasser des Briefes, Rufus, hat so hart mit seinem Griffel aufgedrückt, dass er das Wachs durchdrungen hat. Dadurch ist ein spannender Teil seiner Nachricht im darunterliegenden Holz erhalten geblieben. Er bat Epillicus darum, eine Liste zu schicken und beauftragt ihn, die »letzte Münze aus diesem Mädchen herauszupressen«.

schen aus allen Teilen des Reiches, von denen jeder neben Latein auch noch seine eigene Sprache sprach (Abb. 52).

Manche von ihnen hinterließen schriftliche Zeugnisse, wie der von einem Mauretanier gewidmete Altar in Cumbria, der von einem Syrer errichtete Grabstein aus South Shields, ein von einem Kaledonier gemachter religiöser Schwur in Colchester oder eine Korrespondenz aus Vindolanda zwischen zwei griechischen Brüdern zeigen. Diese Vielfalt verdeutlicht die Notwendigkeit des Latein als gemeinsame Sprache.

Obwohl Sprache sowie Lesen und Schreiben für alle Aspekte des täglichen Lebens fundamental waren, ist unsere Kenntnis darüber spärlich und es sind keine Arbeiten von bekannten literarischen Persönlichkeiten aus dem römischen Britannien überliefert. Die archäologischen Quellen zur Schriftlichkeit vereinen indirekte Zeugnisse – die Schreibgeräte – mit direkten in Form der Texte selbst. Die Menschen müssen beinahe von Anfang an mit zwei Arten des geschriebenen Latein konfrontiert worden sein. Texte in Majuskeln waren auf prachtvollen Gebäuden, über Kastell- und Stadttoren, auf Sockeln von Statuen, Altären und Grabsteinen angebracht, doch waren sie auch in kleinerem Umfang auf Münzen gegenwärtig, wodurch das Bild des Kaisers, seine Propaganda und Schrift in geradezu alle Ebenen der Gesellschaft hinein reichte. Die Hauptschrift für Briefe und Dokumente, zwangsläufig fließender als Großbuchstaben, ist als Kursive bekannt. Dass sie sich über die Zeit der römischen Regierung in Britannien weiter entwickelte, geht aus zwei wichtigen Quellen handgeschriebener Texte der Provinz hervor: den Vindolanda-Tafeln und den Blei-Fluchtafeln aus Bath und Uley.

▼ **54** *Die Kraft des geschriebenen Wortes: Ein kleiner Bronzebehälter mit Miniatureinlagen aus farbigem Emaille (millefiori). Es war wahrscheinlich ein hochwertiges Tintenfass (2. Jh. n. Chr.).*

Schreibgeräte umfassten Tintenfässer, Schreibfedern, Griffel und Siegelboxen (Abb. 53). Die wenigen erhaltenen Schreibfedern sind schmale Röhren aus Bronze mit spitz zulaufendem geteiltem Kiel, doch sind die gewöhnlicheren Schreibfedern wohl aus Schilfrohr und Federkielen gewesen. Der Gebrauch solcher Schreibfedern ist immerhin durch ihre charakteristische Schrift bestätigt, die in vielen Texten der Vindolanda-Tafeln zu sehen ist. Die verwendete Tinte war Karbontinte, ein Gemisch aus wässrigem Leim und Ruß. Die Tintenfässer, in die diese Schreibfedern eingetaucht wurden, sind ebenfalls selten in Britannien, wenn auch Beispiele aus glänzend roter Terra

Sigillata, Importe aus Gallien, in großen Mengen in London gefunden wurden.

▲ 55 Impression eines Künstlers vom äußeren Erscheinungsbild des Kastells und der Garnisonssiedlung von Vindolanda (© akg-images/P.Connolly).

Repräsentativer waren Tintenfässer aus Bronze, oft verziert mit kostbaren Einlegearbeiten (Abb. 54). Griffel (*stili*) wurden gebraucht, um auf Holztafeln mit einer Wachsoberfläche zu schreiben – kleine rechteckige Holzplatten, die in einem eingetieften Bereich in der Mitte mit Wachs ausgefüllt waren, in welches die Schrift eingeritzt wurde (Abb. 53). Oftmals bestanden sie aus zwei zusammengebundenen und gegenüberliegenden Tafeln; falls notwendig, konnten auch mehrere Tafeln zusammengeschnürt werden. Selbst wenn – bedingt durch feuchten Boden – die Holztafeln konserviert wurden, blieb das Wachs selten erhalten. Doch manchmal hat der Schreiber so fest aufgedrückt, dass der Text in den hölzernen Untergrund eingeritzt wurde, wodurch die Entzifferung gelegentlich ermöglicht wurde. Ein bekanntes Beispiel aus London scheint eine Bestandsaufnahme und Geldangelegenheiten zu betreffen, die mit der rätselhaften Formulierung endet: »Sieh zu, dass Du alles sorgfältig tust in Bezug darauf, die letzte Münze aus dem Mädchen herauszupressen ... « Ein vollständigerer Text auf einer anderen Londoner Tafel datiert

vom 14. März 118 n. Chr. und ist die erste Seite eines juristischen Dokuments, das den umkämpften Besitz eines Waldes in Kent behandelt.

Dass Wachstafeln oft für juristische Texte ausgewählt wurden, wird auch anhand eines Beispiels aus Trawsfynydd, North Wales, deutlich – die erste Seite eines langen letzten Willens, wahrscheinlich eines pensionierten Auxiliarsoldaten, der sich niedergelassen und Land in der Gegend gekauft hatte.

Nahezu alle erhaltenen Griffel sind aus Bronze oder Eisen, doch sind auch Beispiele aus Knochen bekannt; viele weitere müssen aus Holz hergestellt worden sein. Es sind dünne bleistiftartige Stäbe mit einer festen, spitz zulaufenden Schreibspitze an der einen Seite und einer keilförmigen Löscheinrichtung auf der anderen. Interessanterweise schließt die weitläufige Verbreitung von Griffeln in Britannien viele »rangniedrigere« (unbedeutendere) Siedlungen ein, was darauf hindeuten könnte, dass die Fähigkeit zum Lesen und Schreiben nicht auf eine einzelne soziale Gruppe begrenzt war. Griffel wurden vermutlich auch dafür gebraucht, Texte auf bleierne Fluchtafeln oder religiöse Votivtäfelchen zu schreiben. In Ermangelung der Texte selbst deuten kleine Siegelkästchen aus Bronze – wie auch die Griffel – auf das Vorhandensein von Schriftfertigkeit an ihren Fundorten hin. Um ihre Vertraulichkeit zu gewährleisten, wurden Briefe und Dokumente mit Schnüren zugebunden, die dann durch Löcher in ein Siegelkästchen geführt wurden. Anschließend wurde flüssiges Wachs hinein gegossen, das wiederum beim Erkalten mit dem Siegel des Absenders versehen wurde. Der aufklappbare Deckel des Siegelkästchens schützte das Wachs, bis der Empfänger das Siegel brach.

Die in Stein gemeißelten Inschriften sind unter den direkten Schriftquellen am beständigsten (Abb. 56). Sie bewegen sich von monumentalen Gebäudeinschriften, auf denen die Fertigstellung großer Projekte wie Forum-Basilika Anlagen in Städten oder die Konstruktion von Kastellen und Festungen gefeiert wird, bis hin zu winzigen gravierten Steinstempeln für die Augenheil-

◄ **56** *Meilenstein aus Llanfairfechan, Gwynedd, Wales, errichtet 120/121 n. Chr. Die Inschrift, ursprünglich mit roter Farbe ausgefüllt, proklamiert die imperiale Macht Hadrians und gibt die Wegstrecke bis zum römischen Kastell Canovium (Caerhun) mit 8 Meilen (13 km) an.*

kunde. Einige der prächtigeren Inschriften wie die auf dem Grabmal des *procurator* Iulius Classicianus (Abb. 26) sind von höchster Qualität – es sind anspruchsvolle Arbeiten mit ausgezeichnet eingemeißelten Buchstaben, die ästhetisch angeordnet und sogar mit Akzenten versehen sind. Hervorgehoben mit roter Farbe, waren diese Inschriften dafür bestimmt, den Betrachter zu beeindrucken und in ihrer Erscheinung zu gefallen, doch in erster Linie waren sie imperiale Propaganda; der Name des Kaisers wird benannt, wodurch seine Autorität und Macht unterstrichen wurde, erst danach erscheint der Name seines Bevollmächtigten, beispielsweise des Statthalters, der für den Bau verantwortlich war. Solche Inschriften geben Aufschluss über Militär- und Verwaltungsangelegenheiten und sind oft wertvoll für die Datierung der Bauarbeiten.

Inschriften auf Grabsteinen dagegen erteilen mehr Auskunft über Einzelpersonen, obgleich die meisten eher nüchtern gehalten sind (Abb. 57). Name, Familie und Erben, Geburtsort oder Heimatstadt sowie das Alter zum Todeszeitpunkt sind kurz aufgezeichnet, manchmal mit einer kurzen liebevollen Widmung, etwa »für seine äußerst verdienstvolle Ehefrau«. Die Grabsteine von Soldaten sowie von Offizieren und Personen aus der Verwaltung führen im Allgemeinen Einzelheiten über Karrieren aus, benennen die Militäreinheit, die Position und Dienstdauer oder zählen offizielle Abkommandierungen in chronologischer Reihenfolge auf, während Zivilpersonen ihre Bürgerschaft proklamieren oder ihre Mitgliedschaft in einem Stadtrat oder Priesteramt im Kaiserkult angeben (Abb. 35, 50 und 58). In South Shields, Barates, hat ein aus Palmyra (Syrien) stammender Mann einen herrlichen Grabstein für Regina errichtet, ein Sklavenmädchen aus der Region von St. Albans, das er gekauft, befreit und geheiratet hatte. Die Hauptinschrift ist in Latein, aber ein kurzer, zarter Epitaph ist auch in palmyrenischer Sprache geschrieben.

▼ 57 *Zerbrochener Grabstein für die Tochter eines Militärstandartenträgers namens Crescens. Errichtet in Kirkby Thore, Cumbria (2.–4. Jh. n. Chr.). Das Relief des Grabsteins zeigt ein »Begräbnis-Festmahl«, bei dem die verstorbene Frau auf einer Liege ruhend bedient wird.*

D · M · D · M ·
VOLVSIA CL CATIO
FAVSTINA VIXIT
C LIND V N LX
ANN XXVI
M F D XXVI
AVR SENE
CIO DEC C
VERITA C P

◀ 58 *Grabstein für Volusia Faustina und Claudia Catiotua. Faustina war die Ehefrau von Aurelius Senecio, einem Stadtrat von Lindum (Lincoln), wo der Grabstein im 3. Jh. n. Chr. errichtet wurde.*

Steinaltäre an religiösen Stätten oder in Kulträumen der Kastelle waren normalerweise Geschenke von nicht ganz so Wohlhabenden, zum Beispiel Offizieren oder Kaufleuten. Falls sie Inschriften tragen, nannten sie häufig nur die Gottheit, denjenigen, der den Altar widmete und dessen Stellung – so etwa auf einem Altar, der in einem Kastell an der Sachsenküste bei Lympne, Kent, gefunden wurde und dem Meeresgott Neptun von einem Befehlshaber der britannischen Flotte gewidmet worden war.

Die optimistische Widmung auf einem anderen Altar aus dem Kastell Maryport, Cumbria, war dazu bestimmt, durch die Benennung einer Gruppe von Gottheiten – dem Genius des Ortes, Fortuna, der Göttin für eine glückliche Heimkehr oder der *Roma Aeterna* – alle Eventualitäten abzudecken. Der Stifter war ein Offizier namens Gaius Cornelius Peregrinus, ehemals ein Magistrat in *Saldae* (Béjaïa, Algerien) in Nord-Afrika (Abb. 59).

Bisweilen waren Altäre Geschenke an eine Gottheit, wie jener, der bei Bordeaux gefunden wurde und der *Tutela Boudiga* gewidmet war – einer britannischen Version der römischen Göttin Viktoria. Der Kaufmann Marcus Aurelius Lunaris hat ihn »in Erfüllung eines Gelöbnisses, das er leistete, als er aus *Eburacum* [York] aufbrach«, herstellen lassen. Seereisen, besonders mit wertvoller Fracht, waren riskant und benötigten göttlichen Schutz.

Gelöbnisse an Gottheiten wurden auch durch Geschenke in Form von verzierten Metalltafeln aus Gold, Silber oder Bronze erfüllt, die in Tempelgebäuden ausgestellt wurden. Wenn Gruppierungen solcher Geschenke mit Inschriften gefunden werden, geben sie Einsicht in religiöse Praktiken. Beispielsweise sind sie aufschlussreich über die Identität der Stifter. In Ashwell, Herfordshire, scheint die Göttin Senuna eine besondere Anziehungskraft auf Frauen gehabt zu haben (Abb. 104). Die verbindlichen Beziehungen der Menschen zu den heidnischen Göttern und Göttinnen wirkte sich sogar auf die Bräuche des frühen Christentums in Britannien aus, wie silberne Votivtafeln aus

▶ 59 *Sandsteinaltar, gefunden 1587 bei dem Kastell Maryport, Cumbria. Der Stifter, Peregrinus, könnte Sehnsucht nach seiner Heimatstadt Saldae (Béjaïa, Algerien) gehabt haben, denn er schloss Fortuna, die Göttin für eine glückliche Heimkehr, in seine Liste von Gottheiten ein.*

▲ 60 Korrespondenz zwischen Offiziersfrauen (um 100 n. Chr.): Claudia Severa lädt Sulpicia Lepidina, die Gattin eines Befehlshabers in Vindolanda, zu ihrer Geburtstagsfeier ein. Tinte auf Holzscheibentafel aus Vindolanda.

dem Water Newton Hortfund belegen, darunter eine von Anicilla in Erfüllung eines Gelübdes (Abb. 108). Wie die Inschriften des Ashwell Tempelschatzes, enthüllen jene von Water Newton einige Details über eine religiöse Gemeinschaft; ebenso schrieben Mitglieder einer anderen Gruppe, vielleicht einer Bruderschaft, ihre Namen auf die Unterseite einer Terra-Sigillata-Schale aus Ospringe in Kent, die sie als »Gemeinschaftsgefäß« beschrieben.

Solche Einritzungen gibt es in großer Anzahl auf Töpfergefäßen. Gewöhnlich handelt es sich dabei um einen Namen oder ein Symbol, die den Besitz anzeigen, manchmal aber auch um Gewichts- oder Inhaltsangaben.

Einzelfunde dieser Art ermöglichen flüchtige Einblicke in die Lese- und Schreibkunde. Aber es gibt zwei sich ergänzende Gruppen von schriftlichem Material, die ein viel reichhaltigeres Quellenmaterial bereitstellen, um Lese- und Schreibfähigkeit im römischen Britannien zu studieren: zum einen die Vindolanda-Holzschreibtafeln, die bereits im Zusammenhang mit dem Leben im Umfeld der Armee kurz erwähnt wurden (vgl. Kapitel IV), und zum anderen die aus Bleiplatten bestehenden Fluchtafeln aus Bath und Uley. Die Vindolanda-Tafeln, die Operationen der Truppenteile an der nördlichen Grenze in den Jahrzehnten um 100 n. Chr. betreffen, unterscheiden sich sehr von den Flüchen, die in den Tempeln der Sulis Minerva in Bath und des Merkur in Uley gefunden wurden, von denen beide die Belange eines Teils der Zivilbevölkerung der Provinz vom 2. bis 4. Jahrhundert n. Chr. widerspiegeln. Die Kombination dieser beiden Quellen ergibt kein vollständiges Bild, ist aber ein anschauliches Beispiel für die Macht des geschriebenen Wortes an bestimmten Orten, zu bestimmten Zeiten, von gewissen Gruppen und Einzelpersonen.

Fesselnde Details von Militäraktivitäten aus den Vindolanda Tafeln (Abb. 60, 61) haben wir schon gestreift. Sie enthüllen darüber hinaus aber vieles mehr. Wohl am auffallendsten ist vor allem – unabhängig von ihrem faszinierenden Inhalt – die große Vielfalt individueller Handschriften. Die Tafeln wurden von mehreren hundert Personen, Schreibern, Offizieren, Soldaten und Frauen gleichermaßen beschriftet. Wenn sie, und das ist sehr wahrscheinlich, nur die Spitze eines Eisberges repräsentieren, dann lassen sie eine weitere Verbreitung der Lese- und Schreibfähigkeit in Britannien erkennen, als zuvor angenommen worden war, zumindest in der Militärgemeinschaft. Sie veranschaulichen auch die Art und Weise, in welcher Briefe und Dokumente geschrieben wurden. Die meisten der größeren Tafeln haben ungefähr das Format einer Postkarte, die kleineren sind ungefähr halb so groß. Die Briefe wurden im Allgemeinen im Querformat und parallel zur Holzmaserung beschrieben. Der Text wurde in zwei Spalten aufgeführt: die erste links, die zweite rechts (Abb. 60). Nach Beendigung des Briefes ritzte ihn der Verfasser vertikal entlang der Mitte nach unten an, faltete ihn und schrieb die Adresse auf die Rückseite der rechten Hälfte. Einige Tafeln wiesen am Rand eingeschnittene Kerben auf, wodurch sie zusammengebunden werden konnten. Die Militärberichte und Darstellungen wurden oft so geschrieben, dass der Text

▼ **61** Detail des Briefes (Abb. 60), das die Schlussworte von Claudia Severa am Ende der zweiten Spalte zeigt – eine der ältesten erhaltenen Handschriften einer Frau in Latein.

über die Maserung und parallel zu den kurzen Enden der Tafel verlief. Dieses Format bot sich gut für die Erstellung von Listen an, und in einigen Fällen waren mehrere Blätter in einem Ziehharmonika-Format zu einem hölzernen Notizbuch zusammengefügt.

▶ **62** *Grober Stein, aber eine feine Skulptur: Überlebensgroßer Kopf aus Kalkstein von einer Kultstatue des Merkur (2. Jh. n. Chr.). Er wurde in seiner Tempelanlage in Uley, Gloucestershire gefunden.*

Außerdem sind uns buchhalterische Arbeiten sowie der Gebrauch von Stenographie bekannt, einer Kombination aus Buchstaben und Symbolen. Mehrere Tafeln sind für Entwürfe oder Schreibübungen auf der Rückseite wiederverwendet worden. Von besonderer Bedeutung ist eine Zeile aus Vergils *Aeneis* (ungefähr ein Jahrhundert früher in den 20er Jahren v. Chr. geschrieben), die möglicherweise sogar von einem Kind des Flavius Cerealis, eines Befehlshabers der Vindolanda-Einheit, wahrscheinlich als Schreibübung abgeschrieben wurde. Vergil wurde verbreitet für den Elementarunterricht gebraucht, doch ist es interessant, Kenntnisse über sein Werk so weit im Norden zu finden. Tatsächlich gibt es weitere Hinweise dafür, dass seine Schriften in mehreren Teilen von Britannien bekannt waren. Zwei Inschriften mit Vergil-Texten sind in römischen Villen in Kent erhalten. Eine ist ein unvollständig gemalter Satz als Teil eines beschrifteten Frieses mit Szenen aus der *Aeneis*, welcher die Wand im Flur einer Villa bei Oxford verzierte. Die andere erscheint auf einem Fußbodenmosaik im Esszimmer der Lullingstone Villa: Eine Szene, in der Jupiter Europa entführt, ist von einem beziehungsreichen Vers in Latein eingerahmt in der Absicht, an diese in der *Aeneis* beschriebene Episode zu erinnern.

Vielleicht weit entfernt von den kultivierten »Dinnerparties« im späten 4. Jahrhundert n. Chr. in Kent sind die auf kleine Platten aus Blei eingeritzten Nachrichten, so genannte Flüche, die in der Antike als *defixiones* bekannt waren. Einzelne Beispiele sind von verschiedenen Stätten, vor allem im Südwesten Britanniens, bekannt, und große Mengen wurden der heiligen Quelle von Sulis Minerva in Bath und dem Gott Merkur in einer ländlichen Tempelanlage in Uley, Gloucestershire (Abb. 5, 62), übergeben. Die Flüche sind genauer gesagt an einen Gott gerichtete Bittgesuche, keine Zaubersprüche, sondern dringende Bitten um Gerechtigkeit. Vornehmlich Diebstahl betreffend, ist ihre Sprache sehr eintönig und formelhaft, und man geht davon aus, dass sie nicht nur das gesprochene Latein, sondern auch den Einfluss der keltischen Sprachen wiedergeben. Mehr als die Hälfte der Namen sind keltisch, und Zweisprachigkeit wird sogar in einigen Texten angedeutet, in denen gesprochenes Keltisch mit lateinischen Buchstaben geschrieben worden sein dürfte. Bleiplatten, billig, einfach herzustellen und leicht zu beschriften, waren jedermann zugänglich. Untersuchungen der Namen geben zu erkennen, dass die Bittsteller im Allgemeinen keine Bürger waren, sondern Menschen lokaler Herkunft, oftmals vom unteren Ende der Gesellschaft. Die Texte, wohl meist von den Bittstellern selbst vielleicht auf Anraten von Priestern geschrieben, versuchten die Hilfe der jeweiligen Götter in Anspruch zu nehmen, um gestohlenes Eigentum zu ersetzen oder Übeltätern Schaden zuzufügen (Abb. 63). Diebstahl von Kleidung (»dass er Vergeltung fordert für die Handschuhe«) oder Landwirtschaftsgütern (»Ich habe zwei Räder und vier Kühe verloren«) werden häufig zitiert.

Typische Text-Formeln (»ob Mann oder Frau, ob Junge oder Mädchen, ob Sklave oder Freigesprochener«), eine gleichsam legale Ausdrucksweise (»das besagte Eigentum dem besagten Tempel«) und manchmal rachsüchtige oder grauenhafte Verwünschung (»dass du sie in den größten Tod eilst und ihnen keine Gesundheit oder Schlaf erlaubst«, »möge er bis in sein Blut, die Augen und jeden Knochen verflucht sein, oder möge er sogar alle seine Eingeweide weggefressen bekommen«), vermitteln uns eine einzigartige Einsicht in Teile der vulgären Seite der Gesellschaft und die wirklichen Anliegen von Menschen in ihrem Alltag.

Wohl weniger alarmierend sind die positiveren, wenn auch manchmal recht irreführenden magischen Texte auf beschützenden Amuletten, eingedrückt in Bleistücke oder Goldblätter, von denen ein paar in Britannien gefunden worden sind (Abb. 64). Man glaubte, dass solche Amulette den Träger mit konzentrierter Kraft durch die Verknüpfung eines lateinischen oder griechischen Textes mit magischen Symbolen und Götterbeschwörungen vor Unheil bewahren würden. Einige sind gewöhnliche Talismane »zum Schutz«, andere dagegen haben eine gezielte Funktion »für Gesundheit und Sieg« oder eine gefahrlose Geburt. Allen ist der Versuch gemeinsam, sich Kraft durch Sprache nutzbar zu machen.

◀ 63 Detail der Schrift auf einer geritzten Fluchtafel aus Blei von Honoratus, aus der Tempelanlage des Merkur in Uley, Gloucestershire.

▶ 64 Geburtsamulett aus Cholsey, Oxfordshire (2./3. Jh. n. Chr.). Dieses Stück aus Goldfolie bittet mit dem eingedrückten magischen Text um eine gefahrlose Geburt für eine Frau namens Fabia. Das Amulett dürfte ursprünglich zusammengerollt gewesen und in einem zylindrischen Etui getragen worden sein.

VI

BAUERN, HANDWERKER UND HÄNDLER

»... zerstampfte Bohnen, zwei *modii*, Hühner, zwanzig, einhundert Äpfel, wenn du schöne finden kannst, einhundert oder zweihundert Eier, wenn sie zu einem angemessenen Preis verkauft werden ... acht *sextarii* Fischsoße ... ein *modius* Oliven ...«

Vindolanda-Tafel, *Einkaufsliste*, ca. 100 n. Chr.

◀ *Detail einer Vase aus Terra Sigillata, Felixstowe, Suffolk (1. Jh. n. Chr.).*

Diese Einkaufsliste, geschrieben um 100 n. Chr. (vgl. S. 83), betrifft die Vorräte für die Wohnstätte des Kommandeurs in Vindolanda. Neben diesem universellen Wunsch, Nahrung von guter Qualität zu einem angemessenen Preis zu beziehen, gibt uns der Text Momentaufnahmen zur Ernährungsweise in römischer Zeit, die durch zwei Schlüsselthemen gekennzeichnet sind: lokale jahreszeitlich bedingte Erzeugnisse wie Äpfel, und importierte Nahrungsmittel, in diesem Fall Oliven und Fischsoße, vielleicht als Geschmack aus der Heimat, der über Vieles hinwegtröstete.

Viele Speisearten und Getränke, die im heutigen Britannien konsumiert werden, sind ein Vermächtnis dieses Zeitabschnittes der Geschichte, als bedeutende Veränderungen in der Vielfalt der Nahrungsmittel auftraten, die kultiviert, zubereitet und konsumiert wurden. Verbunden mit den landwirtschaftlichen Veränderungen waren neue und effektivere Methoden, mineralische Rohstoffe in einem Umfang auszuschöpfen, wie sie nie zuvor in Britannien gesehen worden waren, und wohl bis zur Industriellen Revolution nicht mehr auftraten. Das großangelegte Schmelzen von Blei im Britannien dieser Zeit konnte sogar mit der Bleiverschmutzung tiefer Eisschichten auf Island in Verbindung gebracht werden.

▶ 65 *Gruppe von Eisenobjekten (1.–4. Jh. n. Chr.). In der Mitte befindet sich eine Militäraxt, im Uhrzeigersinn umgeben von einer zweizackigen Hacke, einem Gitterrost, der Ahle eines Lederarbeiters, einem Behelfs-Hufeisen und einem Erntehaken.*

Ein Großteil von Britanniens Landschaft wurde von den Römern verändert und ausgebeutet. Die Mehrheit der Landbevölkerung wurde im Anbau von Nahrungsmitteln oder im Handwerk beschäftigt. Die Kontrolle der Landressourcen war tatsächlich in vielerlei Hinsicht *der* wichtigste Gesichtspunkt der römischen Verwaltung: Gebiete mit üppigen mineralischen Vorkommen wurden unter staatliche Kontrolle gebracht und anderes Land für den Armeegebrauch oder für ehemalige Soldaten als von Feldern umgebene *coloniae* (vgl. Kapitel VIII) beschlagnahmt. Private Landbesitzer wurden auf ihre Erzeugnisse besteuert.

Das wichtigste von den Römern eingeführte Getreide für den Lebensunterhalt war Spelzweizen, der offensichtlich dem einheimischen Emmer oder Einkorn vorgezogen wurde, wenngleich archäologische Funde im Norden auf eine Bevorzugung von Gerste schließen lassen. Die Kultivierung von Land erforderte den Gebrauch von Holzpflügen, die von einem Ochsenpaar gezogen wurden. Rindvieh lieferte nicht nur Muskelkraft, sondern auch Milch, Fleisch, Leder, Knochen und Leim (Abb. 76). Pflugscharen aus Eisen schnitten die Furche, in welche das Saatgut ausgeworfen oder gesetzt wurde, während Dung und Kompost (von Mensch, Tier und Nahrungsmittelabfall) genutzt wurden, um die Fruchtbarkeit der Erde zu erhöhen. Die Ernte wurde von Hand mit einer gekrümmten Eisensichel oder einem Erntehaken eingebracht, während wesentlich längere Sensen zum Schneiden bei der Heuernte Verwendung fanden. Derartige Werkzeuge bildeten den Teil einer gesteigerten Auswahl verfügbarer Eisenobjekte – die Endprodukte einer nachhaltigen Ausbeutung von Eisenerz, vor allem im *Weald of Kent* (Abb. 65). Nach dem Trocknen wurde der Weizen gedroschen und dann zu Mehl gerieben oder gemahlen. Dazu benutzte man Steindrehmühlen, die aus zwei eng aneinander liegenden runden Steinen bestanden, von denen einer am Boden befestigt war. *Millstone grit*, ein grobkörniger Sandstein, besonders geeignet für die Anfertigung von Drehmühlen, wurde in den Pennines gewonnen. Das Mahlen wurde gewöhnlich von Hand ausgeführt und war eine zeitaufwändige und zermürbende Arbeit. Skelettfunde aus dem römischen Friedhof in Poundbury in Dorset lassen erkennen, dass dies oftmals das Schicksal von Frauen gewesen sein dürfte. Getreideprodukte daraus wurden

Mehlsuppe, Haferbrei, Gerstenkuchen (Mehl und Milch auf einem Ofen erhitzt) oder Brot, üblicherweise aus Vollkornmehl und ungesäuert – nicht die schmackhafteste Speise, aber hinreichendes Grundnahrungsmittel, um die große Mehrheit der Bevölkerung damit zu ernähren.

Neben der Einführung von Spelzweizen erweiterten die Römer die verfügbare Auswahl sowohl von lokal gezogenen als auch importierten Früchten und Gemüse. Bohnen und Erbsen wurden angebaut und viele der noch heute gängigen Nahrungsmittel eingeführt, einschließlich Zwiebel, Lauch, Karotte, Pastinake, Gurke, Rettich und Kohl. Viele Kräuter waren ebenfalls eine römische Neuerung, wie Petersilie, Thymian, Majoran, Knoblauch und Minze. Es gibt schwache Hinweise auf Weingärten, doch war das Klima bis auf den äußersten Süden kaum geeignet. Somit stammen die gelegentlich gefundenen Traubenkerne wahrscheinlich von getrockneten Trauben (Rosinen). Getrocknete Feigen waren eine weitere römische Importware.

▼ **66** *Eine Terra-Sigillata-Vase (1. Jh. n. Chr.). Sie wurde vom Kontinent importiert und ist mit einer Jagdszene verziert, Felixstowe, Suffolk.*

Die hauptsächlich konsumierten Fleischsorten im römischen Britannien waren Rind, Hammel und Schwein – was letztere angeht, verweisen die Vindolanda-Tafeln verschiedentlich auf Speck, Schinken, Spanferkel, Schweinehaut, Fett und Schmalz. Es war selten, dass Tiere ausschließlich wegen ihres Fleisches aufgezogen wurden: Rindvieh, zum Beispiel, wurde erst am Ende des Arbeitslebens geschlachtet, wenn es aufgehört hatte, gute Milcherträge zu produzieren, eine bis heute übliche Praxis in vielen armen Teilen der Welt. Wild, einschließlich Ringeltaube, Hirsch und Wildschwein, wurde auch gegessen und mit Speeren und Pfeilen oder mit Netzen und Fallen gejagt. Fisch scheint eine geringere Rolle in der römischen Ernährungsweise gespielt zu haben, obgleich das offenkundige Fehlen von Überresten eher die geringe Haltbarkeit von Fischknochen im archäologischen Fundmaterial widerspiegelt. Es gibt aber auch Hinweise auf den Konsum einer Vielzahl von Fischarten, sowohl auf Süßwasserfische wie Aal, Lachs

▲ 67 *Vorstellung eines Künstlers von der Werkstatt eines römischen Glasbläsers (© David Hill).*

und Forelle als auch auf Hering und Scholle, Rotbarbe und Brasse als Salzwasserarten.

Die gebräuchlichsten Gewürze auf vielen heutigen britischen Esstischen sind Salz und Pfeffer. Während des römischen Zeitalters waren diese ebenso wichtig, aber aus anderen Gründen. Pfeffer war ein Luxus, der nur von den Wohlhabenden genossen wurde, denn er musste aus Südindien importiert werden (Abb. 119), während Salz wirklich essenziell für alle war, da es in der Zeit lange vor der Erfindung des Kühlschranks zur Konservierung dringend benötigt wurde. Tatsächlich war Salz so wertvoll, dass das moderne Wort »Salär« (für Gehalt, Lohn; englisch: *salary*) davon abgeleitet wurde. Zwei römische *salinae* (Salzbergwerke), eines in Droitwich in Worcestershire, und ein anderes in Middlewich in Cheshire, haben archäologische Nachweise für eine großangelegte Salzproduktion erbracht, einschließlich der Bleipfannen für die Eindampfung der Sole über einer Feuerstelle. Doch das Wattenmeer und die *Fens* (Moorlandschaften) der ostenglischen Küste scheinen Britanniens hauptsächliche Region für die Salzproduktion gewesen zu sein.

Britannien war auch eine Quelle für Exporte und Empfänger von Importen. Bei Stonea, in den Cambridgeshire Fens, legten Ausgrabungen des British Museum die

▶ **68** Bernsteinfarbener Glaskrug aus einem in Radnage, Buckinghamshire, gefundenen Grab (1. Jh. n. Chr.).

Überreste eines beträchtlichen Gebäudes frei, das möglicherweise Hauptsitz eines kaiserlichen Anwesens war, mit weitläufigen Grasflächen, um Schafe weiden zu lassen, deren Lämmer geschlachtet und vermutlich zum Export eingepökelt wurden. Ein weiteres Exportgut, britannische Austern – häufig bei archäologischen Grabungen entdeckt –, waren eine beliebte Delikatesse in Rom. Der *birrus britannicus*, eine Art Wollmantel mit Kapuze, ist in Diokletians »Preisedikt« (301 n. Chr.) aufgeführt, war also in anderen Teilen des Reiches bekannt. Bier, ein hellgelbes Ale aus Gerstenmalz, könnte ebenfalls exportiert worden sein. Es wurde natürlich auch konsumiert, wie auf den Vindolanda-Tafeln zu lesen ist. Wein wurde, wie schon vor der Eroberung, weiterhin importiert.

Großangelegte Produktion traf nicht nur auf Nahrungsmittel, sondern auch auf Mineralien zu. Ton für Töpferwaren wurde in großem Umfang verwertet, viel mehr als in der vorangegangenen Eisenzeit. Fragmente zerbrochener römischer Gefäße übersäen noch heute manche Äcker in Britannien. Neue Techniken, wie der Gebrauch der Töpferscheibe und der Überzug mit Tonschlicker, wodurch Tonwaren eine glänzende glatte Oberfläche erhielten, traten in den Vordergrund (Abb. 16). Industrien entstanden und verschwanden in Abhängigkeit von der Beliebtheit der Produkte. Diese reichten von grober Ware für die Lagerung, die Zubereitung und das Kochen von Speisen, bis hin zu feiner Ware für den Tischgebrauch. Töpferwaren wurden auch importiert (Abb. 66), und diese Importe wurden häufig kopiert. Ein Beispiel, das *mortarium*, war eine neue Art eines römischen »Mixers« mit einer rauen Innenseite, die zum Mischen von Kräutern und Soßen verwendet wurde. Ursprünglich über das Heer importiert, wurden *mortaria* schon bald von lokalen Töpferwerkstätten nachgemacht (Abb. 44).

Verwandt mit der Töpferindustrie war die Glasproduktion. Deren typisches Produkt war blaugrün, obwohl auch klares und mehrfarbiges Glas hergestellt wurde (Abb. 68, 69). Es gibt keinen Hinweis darauf,

▼ 69 *Eine blaue Glasschale mit weißer Marmorierung, aus einem in Radnage, Buckinghamshire, gefundenen Grab (1. Jh. n. Chr.).*

▲ 70 *Bleibehältnis, verziert mit dem Sonnengott Sol in seinem Wagen, gefunden auf einem Friedhof in Warwick Square, London. Ein Glasgefäß (rechts) enthielt Leichenbrand (2./3. Jh. n. Chr.).*

▶ 71 *Stilisierter Steinkopf einer Frau aus Towcester, Northamptonshire. Er war wohl Teil eines monumentalen Grabmales (2./3. Jh. n. Chr.).*

dass Glas in Britannien als Rohprodukt angefertigt wurde, doch eine Fülle von Hinweisen zeigt, dass Glasgefäße von qualifizierten Glasbläsern hergestellt wurden, die importierte Blöcke nutzten oder zerbrochenes Glas wiederverwendeten, auch als Bruchglas bekannt (Abb. 67).

Glas war im römischen Britannien für die gleichen Qualitäten bekannt, die wir heute schätzen: durchscheinendes (aber nicht transparentes) Glas, das Licht durch die Fenster lässt; Glasflaschen und Ampullen, um Flüssigkeiten wie Wein und Parfüme aufzubewahren; Trinkgefäße, normalerweise Becher, die vor allem im späten römischen Zeitalter beliebt wurden, insbesondere weil im Glas der Inhalt nicht schlecht wird (Abb. 124). Glasflaschen zur Lagerung von Speisen und Flüssigkeiten wurden häufig als Behältnisse für Brandbestattungen wiederverwendet (Abb. 70). Auch wenn Glas nicht im gleichen Ausmaß wie Töpferwaren produziert wurde, sind viele Stätten der Glasbearbeitung bekannt, einschließlich 21 im römischen London, wo auch der größte Abladeplatz für Bruchglas belegt ist – 70 kg Glasbruch wurden in der Nähe von Basinghall Street gefunden.

Die Ausbeutung von Gold und Blei wurde bereits angesprochen. Ein Nebenprodukt der Bleiverarbeitung war Silber, welches den kaiserlichen Vorräten zugeführt wurde, wie eine Anzahl amtlich geprägter Barren beweist (Abb. 115).

Es gibt nahezu keinen Beleg für Steinarbeiten vor der römischen Eroberung. Wir können also annehmen, dass anfänglich viele Steinmetze Zuwanderer waren. Bei den meisten Arbeiten, wie bei der Vorbearbeitung und Oberflächenbehandlung, handelte es sich vermutlich um einfachere Tätigkeiten. Schwieriger war die Herstellung von Widmungen in Altären und Begräbnisinschriften, wofür es beachtlichen Bedarf gab. Die Arbeiten zeigen oft Einflüsse sowohl einheimischer als auch römischer Traditionen (Abb. 71). Öffentliche Gebäude wurden aus lokal vorkommendem Stein erbaut. Das Forum in London wurde zum Beispiel mit Sandstein aus Kent errichtet. Weitere Steinbrüche sind aus ganz Britannien bekannt, wie Barcombe Down nahe Vindolanda, Zeugnis für großen Bedarf bei Bauprojekten wie dem Hadrianswall.

▼ 72 *Detail einer schön erhaltenen Stickerei auf einem Paar Lederschuhen, gefunden in einem Sarkophag in Southfleet, Kent (3.–4. Jh. n. Chr.).*

Handwerker, wie Lederer, Schmiede, Gerber und Zimmerleute, wurden häufig in Städten ansässig, wo sie gewöhnlich im hinteren Bereich oder über ihrem Betriebsgelände lebten (Abb. 72–74). Zweifelsohne tauschten sie ihre Produkte für Nahrungsmittel und andere Güter mit ihren Nachbarn und vertrauten Einheimischen, oder verkauften sie für harte Währung an Fremde. Andere Handwerker zogen als Wanderarbeiter zwischen Stadt und Land umher, um ihre Waren zu verkaufen.

▼ 73 *Ein Paar Lederschuhe, hergestellt aus dunkelblauem Leder mit Goldstickerei. Sie gehörten vermutlich einer wohlhabenden Frau.*

▶ 74 Schuh eines Soldaten.
▼ Genagelter Schuh, vermutlich von einem Kind (3.–4. Jh. n. Chr.).

In Tempeln stellten Metallarbeiter auf Anfrage Weihinschriften gemäß den Wünschen und Mitteln der Auftraggeber her (Abb. 104). Eines der außergewöhnlichsten Überbleibsel eines Wanderarbeiters, oder möglicherweise eines Paares oder Trios von Handwerkern, wurde in Snettisham in Norfolk in den 1980er Jahren entdeckt (Abb. 75). Ein Tonkrug wurde irgendwann nach 155 n. Chr. der Erde übergeben. Sein Inhalt war ziemlich außergewöhnlich, da er den gesamten Besitz aus der Werkstatt eines Handwerkers umfasst: Rohmaterial wie Silberbarren, importierten, geschliffenen und ungeschliffenen Karneol, fertig bearbeitete und unvollendete Fingerringe sowie die Gewinne aus dem Geschäft in Form von Silber- und Bronzemünzen. Der Snettisham-Hort eines Schmuckmachers ist nur ein Beispiel für die große Auswahl und das hohe Niveau der Handwerkskunst im römischen Britannien, deren Ergebnisse wir auch heute noch bewundern.

75 Snettisham-Hort, Norfolk, 1985 von einem Arbeiter entdeckt. Der Hort besteht aus den Rohstoffen sowie halbfertigen und fertigen Produkten eines oder mehrerer Schmuckmacher (2. Jh. n. Chr.).

SILBERBARREN, *fertig zum Schmelzen und Gießen von Armbändern und Ringen.*

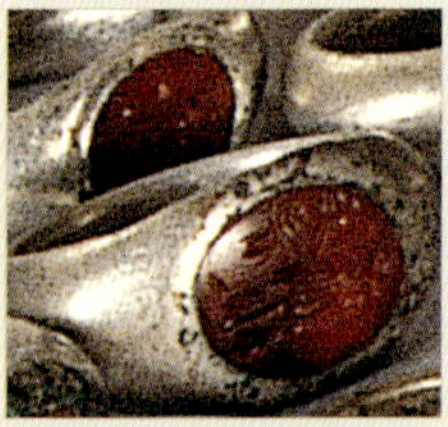

EDELSTEINBESETZTE RINGE *mit Gemme, um mit einem Abdruck in Wachs Dokumente zu siegeln.*

SILBERNE SCHLANGENRINGE *in Form gegenüberliegender Schlangenköpfe.*

EDELSTEINE *aus Karneol, importiert aus Südindien; in viele sind Figuren antiker Götter eingeschnitten.*

SCHMUCKMACHER-AUSSTATTUNG 2. JH. N. CHR.

TONKRUG, ursprünglich als Geheimversteck für Geschmeide, Münzen und kostbare Steine sowie der hier gezeigten Metalle gebraucht – vermutlich herrenlose Waren eines oder mehrerer Schmuckmacher.

SILBERNE SCHLANGENARMBÄNDER, verziert mit Schlangenköpfen und Schlangenhaut. Die Schlange war in der Römerzeit beliebt, weil sie Wiedergeburt und Heilung symbolisierte.

GOLDRESTE zum Einschmelzen für die Fertigung von Schmuckelementen.

SILBER- UND BRONZEMÜNZEN, geprägt mit dem Abbild römischer Kaiser von Nero bis Antoninus Pius.

POLIERWERKZEUG aus Quarz, um Schmuck nach dem Gießen zu polieren.

VII

LEBEN IN DER STADT UND AUF DEM LAND

»... denk an den hohen, schrillen Ruf des Haarschneiders [in den öffentlichen Bädern] ... niemals ruhig außer wenn er bei jemandem die Achselhaare zupft und die Kunden seinetwegen zum Schreien bringt; oder die durcheinander tönenden Schreie der Bäcker, der Wurstverkäufer, der Konditoren und all der Straßenimbisse, die ihre Waren verkaufen ...«

Seneca, *Briefe* LVI, 2

◄ *Detail eines Ölfläschchens aus Aldborough, Yorkshire, auf dem ein schlafender Sklavenjunge dargestellt ist, der auf seinen Herrn wartet (2. Jh. n. Chr.).*

Hauptanliegen des Römischen Reiches war, die Ressourcen jeder Provinz zum Nutzen seiner Bürger, sowohl in der Provinz als auch im Kernland am Mittelmeer, auszubeuten. Dies wurde durch einen Komplex an Kastellen und Städten, neue Arten ländlicher Wohnstätten, ein System von Land- und Wasserbewirtschaftung und ein Netzwerk verbindender Straßen erreicht. Viele Teile der britischen Landschaft veränderten sich dadurch grundlegend, wenn auch mit großen regionalen Unterschieden. In einigen abgelegenen Orten besteht der einzige Nachweis für Kontakt mit Rom – vielleicht über den Wiederaufbau einiger Steinbauten hinaus – in ein paar Scherben römischer Töpferwaren. An anderen Stellen gibt es deutliche Belege für die intensive und lang andauernde Okkupation.

Wie sehr Einzelpersonen betroffen waren, hing davon ab, wo sie lebten, wie viel sie umherzogen und wo ihr Platz in der Gesellschaftsordnung war. Ein umherwandernder Metallarbeiter, wie der Schmuckmacher von Snettisham (Abb. 75), könnte sein Leben durch Roms Einfluss als verändert empfunden haben, da es ihm ermöglichte, mit seinem Geschäft zwischen alten und neuen Städten und ländlichen Siedlungen zu pendeln. Andererseits könnte ein Bauer im Norden vermutlich auf brutale Art und Weise heimatlos gemacht worden sein, als das Heer sein Land als ideal für die Errichtung eines neuen Kastells erachtete, während sein Nachbar nur wenige Meilen entfernt, bis auf einen jährlichen Steueranspruch von ein paar *modii* Weizen, in Ruhe gelassen wurde. Die Geschichten individueller Lebensumstände und Erfahrungen sind uns beinahe vollständig verloren gegangen, aber die Veränderung der materiellen Kultur in Stadt und Land geben uns flüchtige Eindrücke, wie sehr sich weltliches, kulturelles und religiöses Leben unter dem Einfluss Roms veränderte.

◀ **76** *Bronzestatuette eines Pflügers, gefunden in Piercebridge, County Durham. Der Pflüger trägt einen Kapuzenmantel und treibt ein Ochsenpaar an (1.–3. Jh. n. Chr.).*

Die Entwicklung von Städten war wohl der signifikanteste Unterschied zwischen dem römischen und dem vorrömischen Britannien. Wir sollten dennoch vorsichtig sein, diesen Umstand überzubewerten, denn selbst im römischen Britannien lebte nur ein kleiner Teil der Bevölkerung in Städten. Im neuzeitlichen Britannien leben die meisten Menschen in einer städtischen Umgebung, in der Römerzeit war das Gegenteil der Fall. Auch wenn es sehr schwierig ist, die Bevölkerung im römischen Britannien zu schätzen – die Zahlen schwanken zwischen ungefähr zweieinhalb und dreieinhalb Millionen – nur ein Zehntel (vielleicht eine viertel Million) lebte in urbanen Zentren, wie Städten oder Garnisonssiedlungen. Die restliche Bevölkerung war auch weiterhin so eng an das Land gebunden wie schon Jahrhunderte vorher (vgl. Kapitel II). Auch wenn Städte viele mit heute vergleichbare Charakteristika hatten, gab es in ihrem Inneren große Freiflächen für Kleingartensiedlungen, Tiergehege und Obstgärten, so dass viele Anblicke, Geräusche und Gerüche in Städten mit jenen vom Land identisch waren, vor allem in den ersten beiden Jahrhunderten, als die meisten Städte noch nicht von Mauern umgeben waren. Andererseits müssen einige der größten ländlichen Anwesen durch die Arbeitskonzentration und die Aktivitäten wie bei der Getreideernte mit gut gehenden (stadtähnlichen) Gemeinschaften vergleichbar gewesen sein. Deshalb war die Unterscheidung zwischen der städtischen und der ländlichen Umgebung nicht annähernd so eindeutig wie heute.

77 Impression eines Künstlers vom römischen London (*Londinium*) des 3. Jhs. n. Chr., die das nördliche Ufer der Themse im Vordergrund, den Fluss selbst und Southwark (Distrikt von London) im Hintergrund darstellt (© Peter Frost/Museum of London).

BACCHUS, römischer Gott des Weines, aus einem Mosaik unterhalb des East India House in Leadenhall Street, nördlich des Forums und der Basilika (Rathaus).

FORUM UND BASILIKA, der Mittelpunkt des städtischen Lebens im römischen Britannien. Die Basilika ist etwa 150 Meter lang und war die größte nördlich der Alpen.

STADTMAUER, errichtet im späten 2. Jh. n. Chr.; sie bestand aus Stein und hatte eine Höhe von etwa sechs Metern.

KASTELL CRIPPLEGATE, um 120 n. Chr. erbaut, vermutlich als Standort der Leibgarde des Provinz-Statthalters.

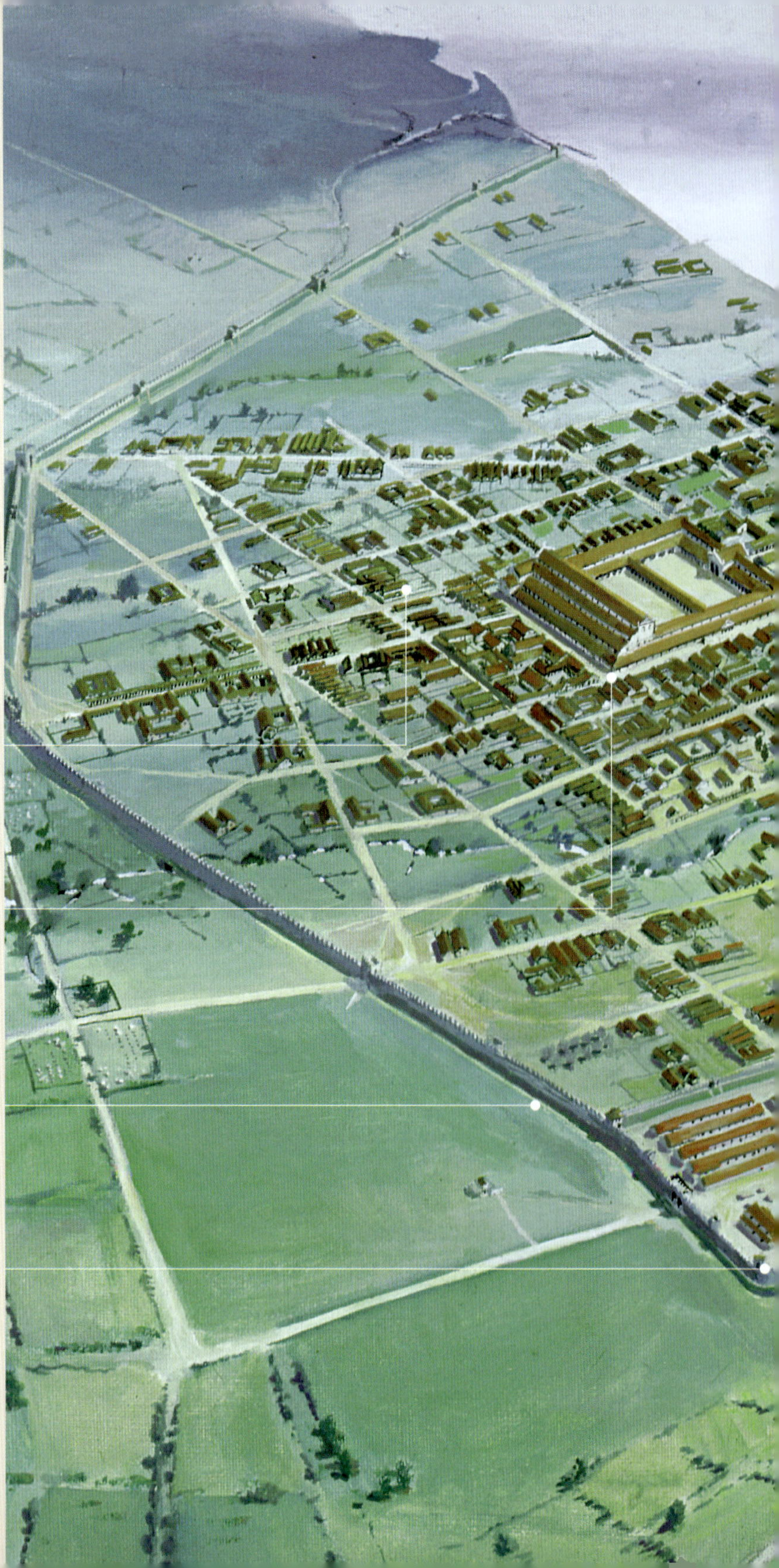

IM FOKUS

LONDINIUM 3. JH. N. CHR.

BRONZEKOPF des Kaisers Hadrian, 1834 in der Themse gefunden.

HOLZBRÜCKE, die den Hauptteil der Stadt (links) mit der kleineren Siedlung in Southwark (rechts) verband.

DER HAFEN, wo Schiffe von überall aus dem Römischen Reich ihre Fracht entluden.

AMPHITHEATER, noch immer neben dem Komplex der Guildhall erkennbar, von Gresham Street abgehend. Ursprünglich hatte es bis zu 10 000 Zuschauerplätze.

BOGENSCHÜTZE AUS BRONZE, gefunden 1842 in Cheapside. Vermutlich stellt er Herkules dar.

ALDERSGATE, eines von sechs Zugangstoren in die Stadt.

▲ 78 *Grabmal des procurators Classicianus, das in einer der Bastionen wieder verwendet wurde, die der London Wall (Stadtmauer) im 4. Jh. n. Chr. hinzugefügt wurden (mit Genehmigung der Society of Antiquaries of London; © reserved).*

Für den römischen Staat waren Städte die »Wiege der Kultur«, wobei Rom selbst als das ideale Vorbild galt. Städte waren ein Mittel zur Organisation und Kontrolle ihrer Bürger sowie der unterworfenen Bevölkerung – »um die Bundesgenossen mit ihren Pflichten gegenüber den Gesetzen vertraut zu machen«, wie Tacitus sich ausdrückt, als er über die Stadt Colchester schreibt (*Annalen* XII, 32). Die Einweihung einer neuen Stadt fand mit vielen Symbolen und Zeremonien statt, altherkömmlich mit dem Pflügen einer Furche, die ihren Umkreis kenntlich machte (Abb. 76). Der höchste Rang einer Stadt war die *colonia*, oder Kolonie, die von römischen Vollbürgern bewohnt wurde. In Britannien gab es vier Kolonien: Colchester, die früheste, errichtet um 49 n. Chr.; Lincoln und Gloucester (96–98 n. Chr.); und York, das im frühen 3. Jahrhundert n. Chr. in den Rang einer *colonia* erhoben wurde (Abb. 5). Diese Städte boten den pensionierten Soldaten und ihren Angehörigen einen Platz zum Niederlassen und – so wird argumentiert – zeigten den einheimischen Bewohnern, was »römische Lebensart« bedeutete, wie Tacitus behauptet. Rom hatte solche Kolonien schon hunderte von Jahren vor der Eroberung Britanniens errichten lassen. Es folgte dabei dem Beispiel von Griechen und Phöniziern, die Kolonien in entfernten Ländern errichtet hatten, um dort die Überbevölkerung aus dem Heimatland anzusiedeln, neue Ressourcen auszubeuten und Handelswege zu ebnen.

Einen weniger formellen Rang hatten die *municipia*, selbstverwaltete Städte, in denen die Einwohner Bürgerrecht besaßen.

In Britannien ist nur ein *municipium* mit Sicherheit bekannt, St. Albans in Hertfordshire. Die beiden letzten Kategorien einer Stadt waren *civitas* und *vicus*. *Civitates* waren in Britannien zwar sehr wichtig, sind aber schwer zu definieren: Es waren Städte ohne römische Bürger, denen ein gewisser Grad an Selbstverwaltung gewährt wurde. Die *civitates* waren im Allgemeinen an den Orten alter Stammeszentren gegründet worden, so wie *Venta Icenorum* (Caistor-by-Norwich), dem Stammesmittelpunkt der Icener. *Vici* war die Bezeichnung für kleinere Siedlungen, von denen einige organisch um Kastelle herum entstanden und von Menschen bewohnt wurden, die weitgehend in ihrer Lebensgrundlage von der Garnison abhingen – Vindolanda ist ein ausgezeichnetes Beispiel eines *vicus* (Abb. 55).

Die archäologischen Befunde von London geben uns einen Einblick in das städtische Leben im römischen Britannien (Abb. 77). Obwohl der »offizielle« Rang nicht bekannt ist, können wir sicher sein, dass *Londinium* auf eine römische Gründung zurückgeht, die rasch an Bedeutung gewann. Nach heutiger Ansicht war das Gebiet winzig, doch verringert das nicht die Wichtigkeit.

Das römische London liegt unter der modernen City of London und reicht vom Tower of London im Osten bis zur Blackfriars Station im Westen, im Norden von Bishopsgate und Cripplegate bis nach

▼ 79 *Eine Bodenfliese, wahrscheinlich aus London, die eingeritzte Darstellung könnte einen römischen Leuchtturm darstellen (1.–4. Jh. n. Chr.).*

◀ **80** *Bronzekopf des Kaisers Hadrian, gefunden in der Themse. Teil einer monumentalen Statue, die wahrscheinlich auf dem Forum von London stand.*

Southwark am Südufer der Themse. Heute stellt dieses Gebiet das Herz von Londons internationalem Finanzsektor dar, was besonders passend ist, wenn man bedenkt, dass Tacitus das römische London als »... außerordentlich bedeutend ... durch die große Anzahl von Kaufleuten und Handelsbeziehungen« beschrieb (*Annalen* XIV, 33). Selbst die *Bank of England* befindet sich an der Stelle eines römischen Gebäudes. Als die Bank 1805 erweitert wurde, fand man einen Mosaikfußboden. Zur Blütezeit im 3. Jahrhundert n. Chr. könnte *Londinium* die Einwohnerzahl von 30 000 erreicht haben.

London etablierte sich schnell als wichtigstes Handelszentrum von Britannien, mit Waren, die aus dem ganzen Reich und sogar darüber hinaus eintrafen: Pfeffer und Karneol aus Indien, Bernstein aus dem Baltikum und vielleicht sogar Seide aus China wurden im Hafen an der Themse entladen.

London verdrängte auch schnell Colchester als Regierungssitz, wurde Amtssitz für den Statthalter der Provinz und den *procurator*, der für Steuern und Finanzen verantwortlich war (Abb. 78). Wir wissen von einer der Vindolanda-Tafeln, dass eine Abteilung der Tungri entsandt wurde, um den Statthalter um 95 n. Chr. zu unterstützen. In Cripplegate wurde im 2. Jahrhundert n. Chr. ein Kastell erbaut, in dem wahrscheinlich die Leibgarde des Statthalters stationiert war. Wir haben auch einen Hinweis auf die Anwesenheit einer Abteilung der Marine in London, die jedoch vornehmlich bei Dover in Kent stationiert war (Abb. 79).

▼ **81** *Ölflakon aus Bronze, in Form eines jungen dösenden Sklaven, der vermutlich auf seinen Herren wartet (2. Jh. n. Chr.).*

Wie sahen die Hauptstrukturen einer Stadt wie London aus? In ihrem Herzen lag das Forum, der Mittelpunkt des administrativen, wirtschaftlichen, sozialen und manchmal auch religiösen Lebens. Es war der Ort, um sich mit Freunden und Familien zu treffen, Geschäftsabschlüsse auszuhandeln und Anordnungen der Stadträte zu hören. Londons Forum war mit 5500 m^2 bescheidener als das von St. Alban, mit einer gewaltigen Fläche von 18 500 m^2; doch Londons Basilika an der nördlichen Seite des Forums war die größte in Nordwesteuropa. Ihr Ausmaß von ungefähr 150 m Länge spiegelt ihre Bedeutung als wahrscheinliche Basis für die Büros des Statthalters und des Prokurators wider sowie für deren ansehnliches Gefolge an Bediensteten. Die Basilika war auch der Ort, an dem sich die Stadträte trafen, um über Geschäfte abzustimmen, an dem Rechtsfälle verhandelt und Rechtsstreitigkeiten angehört wurden. Entlang der restlichen Seiten des Forums befanden sich Geschäfte, vorübergehende Stände und weitere Verwaltungsstellen. Das Forum war auch der Platz, an dem Rom seine Bevölkerung durch die Errichtung von imposanten Statuen, Skulpturen und Inschriften an seine Macht erinnern konnte (Abb. 80).

▶ **82** *Sammlung von Haarnadeln aus Silber und Knochen, aus London (1.–3. Jh. n. Chr.).*

Viele Städte hatten öffentliche Bäder, von denen London mindestens drei besaß, das größte in Huggin Hill in der Upper Thames Street (Abb. 81). Neben der Reinigung dienten Bäder auch als Orte, an denen man Kontakte knüpfte, Körperübungen machte, gelegentlich eine Rasur oder einen Haarschnitt bekam oder eine kosmetische oder medizinische Behandlung erhielt (Abb. 82). Die Bäder zogen auch Verkäufer kleiner Imbisse an: Im Caerleon Bad deuten Ablagerungen von Hühner- und Schafknochen auf Zwischenmahlzeiten wie Hähnchenschenkel und Koteletts hin. Solche Anhaltspunkte stimmen mit Senecas Beschwerde überein, dass öffentliche Bäder laute, von Streit erfüllte Plätze waren, in denen die Ruhe durch die Rufe von »Bäckern, Wurstverkäufern und Konditoren« (*Briefe* 56) gestört wurde.

Zentren ähnlicher Pöbelhaftigkeit – das Amphitheater und der Zirkus – waren zwei weitere römische »Importe«. Etwa 20 britannische Amphitheater konnten in Stadt und Land lokalisiert werden, von denen einige (wie Silchester, Caerleon und Chester) gut erhalten und weitgehend ausgegraben sind; andere erkennt man lediglich aufgrund einiger erhaltener Spuren der elliptischen Erdaufschüttungen. Londons Amphitheater wurde 1988 neben der mittelalterlichen Guildhall entdeckt. Es wurde etwa im Jahr 70 n. Chr., also kurz vor dem Kolosseum in Rom, erbaut und bis ca. 300 n. Chr. genutzt. Es konnte zwischen 7000 und 10 000 Zuschauer fassen. Amphitheater waren Veranstaltungsorte, die oftmals mit Kampf und Blutvergießen in Verbindung standen, in denen man Menschen gegen hauptsächlich vor Ort gefangene wilde Tiere antreten ließ, und an denen öffentliche Hinrichtungen stattfanden. Einige Arenen können zusätzlich als Theater und für sanftere Unterhaltung wie Akrobatik gedient haben.

Professionelle Gladiatoren könnten manchmal aufgetreten sein. Es ist bekannt, dass Theatertruppen durch das Imperium gereist sind, doch gibt es nur wenige Indizien für die Anwesenheit von Gladiatoren in Britannien (Abb. 83, 84). Erst 2004 konnten die

▲ 83 *Bronzener Gladiatorenhelm aus Hawkedon, Suffolk. Er könnte einem Gladiator gehört haben, der in der Nähe von Colchester im 1. Jh. n. Chr. stationiert war.*

Überreste von einem Zirkus (einer Wagenrennbahn) in Britannien identifiziert werden. Dieser befand sich in Colchester, ziemlich passend bei einer modernen Garnison, etwa einen halben Kilometer südlich von der Stadt. Der Zirkus hatte acht Einfahrtstore und eine Bahnlänge von gut 400 m. An Rennen waren vermutlich Wagen mit zwei oder vier Pferden beteiligt, und man schätzt, dass er ein Fassungsvermögen von 8000 Zuschauern hatte (Abb. 85).

Das weltoffene religiöse Leben in London wird durch archäologische Funde belegt. Eine Anzahl verschiedener Götter, Kulte und heute als anstößig empfundene religiöse Praktiken können dokumentiert werden. Auf einem Mosaik in der Leadenhall Street in der City, das während der Bauarbeiten für die Büros der *East India Company* 1803 gefunden wurde, ist Bacchus dargestellt (Abb. 86). Die Anspielung des Mosaiks auf den mythischen Besuch von Bacchus in Indien schafft eine angemessene Verbindung dafür, die Büros der *East India Company* Jahrhunderte später an der gleichen Stelle zu platzieren! Indizien für die Verehrung von Herkules stammen von einer Anzahl von Bronzestatuetten und Figuren, von denen die technisch ausgefeilteste den Helden als Bogenschützen darstellt (Abb. 87). Die Popularität von Herkules ist insbesondere unter männlichen Anhängern leicht zu verstehen, da er als der Inbegriff von Stärke, Tapferkeit und Männlichkeit galt. Orientalische »Mysterien«-Kulte waren in London ebenfalls weit verbreitet und sind gut belegt. Sehr bedeutend war der Mithras-Kult, der einem Sonnengott indo-iranischer Herkunft galt.

Die Entdeckung umfangreicher Überreste eines Mithraeums in der Nähe des Mansion House verursachte in den 1950er Jahren große Aufregung. Das Stieropfer war

84 Knochenfigürchen eines *murmillo*-Gladiators aus Colchester, Essex (1.–3. Jh. n. Chr.). Sein Schild (oben) zeigt ihn beim Sieg über seinen Gegner, einen leicht bewaffneten *retiarius* (ein Gladiator, der einen Dreizack und ein Wurfnetz trug).

◀ **85** *Glasbecher aus Colchester, Essex, auf dem ein Wagenrennen dargestellt ist. Die Inschrift entlang des Becherrandes hält den Sieg des Wagenlenkers Cresces fest (1. Jh. n. Chr.).*

▲ **86** *Das Mosaik, gefunden in Leadenhall Street, London, zeigt Bacchus, der auf einem Tiger reitet (1./2. Jh. n. Chr.).*

ein Element des Mithras-Kultes wie auch von Kybele, der Großen Muttergottheit. Eine in der Themse gefundene verzierte Klemme könnte zum Kastrieren ihrer Priester gebraucht worden sein (Abb. 88). Ägyptische Götter, wie Harpokrates (Horus), wurden ebenfalls verehrt (Abb. 89). Alle Städte hatten Friedhöfe und das römische Recht verlangte, diese außerhalb der bewohnten Gebiete anzulegen. Normalerweise flankierten sie die Ausfallstraßen. Das Grabmal des *procurator* Classicianus (Abb. 26) stand vermutlich auf einem Friedhof im Osten von London, nahe Aldgate High Street. Dieser war mindestens 250 Jahre später noch in Gebrauch (Abb. 90).

Mit wenigen Ausnahmen wie jener der *coloniae*, hatten die meisten Städte bis ins 2. Jahrhundert n. Chr. keine Mauern. In der Regel wurden Erd- und Holzkonstruktionen nach und nach durch Stein ersetzt. Die etwa um 200 n. Chr. errichtete Londoner Stadtmauer war recht typisch. Sie wurde aus Kieselsandstein aus Kent in einer Breite von knapp zwei Metern und sechs Metern Höhe erbaut, mit einem Graben davor und einem Erdwall dahinter. Im 4. Jahrhundert n. Chr. wurde die Mauer entlang der Flussseite verlängert und mit Bastionstürmen versehen (Abb. 77). Dies geschah zeitgleich auch in weiteren Städten der Provinz. Obwohl Stadtmauern für den Schutz von Bedeutung waren, galten sie gleichsam auch als Symbol für Fortschritt, bürgerlichen Stolz und Gemeinschaft. Sie machten auch die Unterscheidung zwischen Stadt und Land deutlich.

▶ 87 *Bronzestatue eines Bogenschützen aus Cheapside, London. Wahrscheinlich verkörpert sie Herkules beim Schießen der Stymphalischen Vögel, einer seiner zwölf Aufgaben (2. Jh. n. Chr.).*

Trotz des Städtewachstums blieb die Mehrheit der Bevölkerung Britanniens auf dem Land ansässig. Die Spanne verschiedener Siedlungsarten war beträchtlich, und unser Verständnis davon hat sich in den letzten Jahrzehnten durch Luftaufnahmen und Dokumentation der Verteilung archäologischer Funde verändert. Zusätzlich zu den größeren »offiziellen« Städten wie Lincoln, St. Albans und Silchester sowie der Militärgarnisonen (vgl. Kapitel III und IV) wurden andere dichtere Besiedlungen, wie zum Beispiel Baldock in Hertfordshire, als »Kleinstädte« bezeichnet, da sie einige der Merkmale für größere urbane Zentren aufweisen. Am unteren Ende der Skala beherbergten einzelne Gehöfte lediglich ein paar Bewohner, die in einer zentralen, einfachen Ein-Zimmer-Behausung lebten. Sie diente als Mittelpunkt für das tägliche Leben. Diese Unterkünfte wurden aus Holz mit Lehmverstrich oder aus Trockensteinmauern errichtet. Sie konnten rechteckig sein, waren aber im Allgemeinen rund oder oval, was den Mythos ausräumt, dass die »Rundhäuser« mit Beginn der römischen Zeit verschwanden.

Die markanteste neue Art römischer ländlicher Behausung war die Villa. Auch wenn das Aussehen der Villen stark variiert, so sind sie doch meist charakteristische rechteckige Gebäude aus Stein, aus Backstein gemauert oder teilweise Fachwerkkonstruktionen mit Ziegel- oder Strohdächern und einer Anhäufung von manchmal nicht weniger als 70 Zimmern. Einige hatten private Badezimmer, bemalten Wandputz, Bodenmosaike und Fußbodenheizung – eine gezielte Anpassung an das britische Klima. Die meisten Villen findet man im zentralen und südlichen England, East An-

glia, Lincolnshire, in den östlichen Midlands, Cotswolds und in Somerset. Die größten und wohlhabendsten Villen datieren zumeist aus der Mitte des 2. bis ins 4. Jahrhundert n. Chr.

In der Vergangenheit wurden Villen recht einfach als ländlicher Rückzugsort der Landbevölkerung angesehen. Einige entsprechen dieser Vorstellung – es wird beispielsweise angenommen, dass Fishbourne in Sussex der Wohnsitz des Statthalters der Provinz war. Seitdem sich Archäologen nicht nur auf das Haupthaus konzentrieren, sondern auch auf die sehr umfangreichen Nebengebäude, zeigt sich ein komplexeres Bild (Abb. 91). Eine der am besten untersuchten Villen ist die von Lullingstone in Kent (Abb. 5 und 92).

Lullingstone wurde im 2. Jahrhundert n. Chr. mit einem Korridor im hinteren Bereich und einer Veranda vorne erbaut. Die beiden Seitenflügel verbinden den mittleren Block mit Nebenräumen; darüber hinaus kann es ein Obergeschoss gegeben haben. Die Funde deuten darauf hin, dass es sich um einen bewirtschafteten Bauernhof gehandelt hat, mit umliegenden Feldern für den Anbau von Weizen, Gemüse und möglicherweise auch Obstbäumen. Sie wurden für den Viehbestand genutzt und vielleicht auch, um Bienen zu

▼ **88** *Bronzene Klemme aus der Themse, wahrscheinlich im Gebrauch beim Kastrationsritual für die Priester der Kybele (2.–3. Jh. n. Chr.).*

◀ **89** Silberstatuette des ägyptischen Gottes Harpokrates (Horus), gefunden in der Themse, London (1.–2. Jh. n. Chr.).

▲ **90** *Sarkophag aus Kieselsandstein, in dem sich das Skelett eines etwa zwölfjährigen Jungen befand, dessen Portrait auf der Außenseite des Sarges zu erkennen ist; gefunden in Minories, East London (3.–4. Jh. n. Chr.).*

halten. Einige Wirtschaftsgebäude dienten zur Lagerung der Ernteprodukte, und der Fluss Darent könnte den Transport in den Norden zur Themsemündung und zu den Märkten in London ermöglicht haben. Etwa um das Jahr 150 n. Chr. fügten die Besitzer Bäder hinzu, die ursprünglich von einem Brunnen gespeist, aber später über ein kleines Aquädukt versorgt wurden, welches das Wasser aus dem weiter oben gelegenen Tal heranführte. Die Erweiterung von Lullingstone lässt darauf schließen, dass die Besitzer genug Überschüsse produzierten, um in ihr Anwesen zu investieren und es zu verschönern.

Doch ist die Geschichte nicht ganz so einfach. Lullingstone weist religiöse Elemente auf, welche nahelegen, dass es nicht nur ein Gutshof oder ländlicher Rückzugsort war. In einem Winkel gab es einen »Kult-Raum« mit tief eingelassenem Keller. Fragmente von Wandgemälden um den Kult-Raum herum stellen Wassernymphen dar. Der Raum könnte der Schrein für eine Flussgottheit, vielleicht der »Nymphe« von dem Fluss Darent, gewesen sein. Ferner wurden aber auch zwei Marmorbüsten gefunden. Man nimmt an, dass eine Büste den römischen Kaiser Pertinax darstellt, Statthalter von Britannien zwischen 185 und 187 n. Chr., bevor er als einer der kurzlebigsten Kaiser in die Geschichte von Rom einging – seine Regierungszeit im Jahr 193 n. Chr. dauerte nur 86 Tage (Abb. 93). Somit könnte der Kult-Raum auch dem »Kaiserkult« gewidmet gewesen sein – oder war die Villa sogar zeitweise der private Wohnsitz von Pertinax? Darüber hinaus liefert die Villa von Lullingstone gegen Ende ihrer Nutzung im 4. Jahrhundert den Nachweis für christlichen Glauben. Eine kleine Hauskapelle wurde über dem Kult-Raum erbaut, in der sich Fragmente von Wandgemälden mit betenden christlichen Figuren (Abb. 94) und dem christlichen Chi-Rho-Motiv fanden, dem Christusmonogramm aus zwei verbundenen griechischen Buchstaben.

Ferner weist ein neues Bodenmosaik im größten Raum des Hauses eine Darstellung von Bellerophon bei der Tötung der Chimäre auf, was als Triumph des Guten über das Böse empfunden wurde.

Es gibt Anzeichen dafür, dass Lullingstone der Wohnsitz eines wohlhabenden Landbesitzers war, es könnte aber auch eine Wallfahrtsstätte zu Ehren der Wassernymphe oder für den Kaiserkult und später für Christus geworden sein. Solch eine komplexe Abfolge von Verwendungszwecken könnte auch an anderen Orten aufgetreten sein, denn die Religion scheint alle Aspekte des Lebens im römischen Britannien durchdrungen zu haben.

◀ **91** *Impression von der Fassade eines Gebäudes aus dem frühen 4. Jh. n. Chr. in Meonstoke, Hampshire. Das Gebäude wurde vermutlich zur Lagerung landwirtschaftlicher Erzeugnisse auf dem Anwesen einer Villa genutzt (illustriert von Stephan Crummy).*

▲ **92** Impression des Anwesens der Villa in Lullingstone, Kent, wie sie im späten 4. Jh. n. Chr. ausgesehen haben könnte (© Peter Umston/English Heritage Photo Library).

▶ **93** Marmorbüste, einer von zwei Portrait-Köpfen aus Lullingstone, Kent. Man vermutet, dass dieser den Kaiser Pertinax darstellt.

◀ **94** Wandgemälde aus Lullingstone, Kent, mit einer Gruppe betender Christen (4. Jh. n. Chr.).

VIII

DRUIDEN UND GÖTTER

»Dem unbesiegbaren Silvanus, Gaius Tetius Veturius Micianus, Präfekt des Sebosianischen Kavallerie-Regiments, in Erfüllung seines Schwurs, bereitwillig diesen [Altar] zu errichten, weil er ein Wildschwein von solch außerordentlicher Feinheit erlegen konnte, wozu viele seiner Vorgänger nicht in der Lage waren.«

Roman Inscriptions of Britain, 1041

◀ *Detail einer Pferd-und-Reiter-Figur (3./4. Jh. n. Chr.), gefunden in Cambridgeshire.*

▶ **95** *Bronzefigur von Aesculap (1.–4. Jh. n. Chr.) aus der Nähe von Chichester, West Sussex – bislang die einzige in Britannien gefundene Darstellung dieses Gottes.*

So lautet die Inschrift auf einem Altar, der in der Nähe von Stanhope in County Durham gefunden wurde, und der dem Gott Silvanus – einem Geist der Wälder – von einem Reiteroffizier gewidmet wurde. Über das sonstige Leben von Micianus wissen wir nichts, doch teilt uns sein Akt der Zuwendung viel über die innere Einstellung von Menschen zur Religion während der Römerzeit mit.

Bevor er mit der Wildschweinjagd begann, sprach Micianus ein Gebet, in dem der entsprechende Gott um Unterstützung ersucht wurde, das »Prämien-Wildschwein« zu erlegen. Nachdem er das Tier erfolgreich gejagt und getötet hatte, führte er seinen Erfolg naturgemäß auf die göttliche Gewogenheit zurück und nicht auf seine Fähigkeit als Jägersmann. Da Silvanus seine Seite der Abmachung gehalten hatte, machte sich Micianus ohne Scheu vor den Kosten daran, einen Altar im Gedenken an das Ereignis und zu Ehren des Gottes beschriften zu lassen. Zweifelsohne wurde der Altar von ihm und anderen für Opfergaben an Silvanus genutzt, vielleicht in Form eines Tieres oder zuweilen mit geringeren Kosten wie Früchten und Kuchen, um die Gunst des Gottes zu behalten und um den Erfolg bei zukünftigen Jagden zu sichern.

Micianus war nicht alleine. Wir können davon ausgehen, dass nahezu die gesamte Bevölkerung im römischen Britannien, vom Statthalter der Provinz bis hinab zum einfachsten Arbeiter glaubte, dass viele Götter die Erde, die Luft, den Himmel und das Wasser in dieser und der nächsten Welt bewohnten und jeden Aspekt des Lebens und des Todes beeinflussten.

Beziehungen zu den Göttern waren wie in einem Vertrag geregelt. Durch die Handlung der Verehrung eines Got-

◀ **96** *Tonstatue einer Muttergöttin (2. Jh. n. Chr.); gefunden in Welwyn, Herfordshire, hergestellt in Gallien. Sie sitzt in einem Korbsessel und stillt einen Säugling.*

tes, sei es durch das Werfen einer Münze in einen Brunnen, die Investition in eine neue Statue, oder die Finanzierung eines neuen Tempelbaus (für sehr Wohlhabende) glaubten die Menschen, sie könnten die Götter anheuern, um das Universum zu ordnen und um Einflussmöglichkeiten in der Welt zu ihren Gunsten zu erhalten.

▲ 97 *Lindow-Mann; gut erhaltener Körper eines Mannes, der um 60 n. Chr. gestorben ist; gefunden am Rande des Lindow Moss.*

Wie entsteht eine solche Situation, in welcher der Glaube alles zu durchdringen scheint? Es gibt zwei Hauptgründe dafür. Erstens: Vieles in der natürlichen Welt war geheimnisvoll und häufig furchteinflößend. Die natürlichen Prozesse, größtenteils missverstanden, wurden mit dem Willen der Götter assoziiert. Zum Beispiel wurde in der römischen Welt der Blitzeinschlag in einen Baum, oder – schlimmer – in eine Person, als göttliches Urteil von Jupiter angesehen. (Die Kelten glaubten etwas sehr ähnliches: Gesandte an den Hof von Alexander dem Großen im Jahr 335 v. Chr. schilderten, es sei die größte Angst der Kelten, ihnen würde der Himmel auf ihre Köpfe fallen.) Zweitens: Das Leben war sehr unvorhersehbar. Ein besonders starker Frost konnte verheerende Auswirkungen auf die Ernte haben und zu Hungersnot führen; Feuer konnte rasch die Hälfte einer Stadt zerstören; eine flutartige Überschwemmung konnte den Viehbestand eines Bauern mit sich reißen und damit dessen Existenzgrundlage vernichten. Von einer persönlichen Ebene aus gesehen starben viele Frauen bei der Geburt, und die Säuglingssterblichkeit war sehr hoch. Die Ehrerbietung gegenüber Muttergöttinnen und weiblichen Beschützerinnen (beispielsweise Minerva) war eine natürliche Reaktion darauf (Abb. 96). Ähnliche Anliegen schlagen sich noch heute in zahlreichen Schreinen katholischer und orthodox-christlicher Länder nieder, die der Jungfrau Maria, der Mutter Jesu Christi, geweiht sind. Darüber hinaus war die Gesundheit anfällig. Beschwerden wie Durchfall und Grippe konnten tödlich sein; Schnitt- und Schürfwunden konnten septisch werden; und selbst scheinbar kleine Kampfverletzungen konnten sich als fatal erweisen. Schlicht und einfach, es war entscheidend, nicht krank zu werden, denn die Schwierigkeiten, die Kranken zu heilen, waren offensichtlich.

▼ **98** *Auswahl von Bronzefiguren (3. Jh. n. Chr.) aus Southbroom, Wiltshire, die eine Anzahl verschiedener römischer Gottheiten darstellen.*

Die Lebensumstände, die Ernährung, Bewegung, Hygiene und Ärzte spielten alle eine Rolle, doch taten dies auch die Götter, von denen Patienten und Ärzte gleichermaßen glaubten, sie herrschten über die Krankheiten. Manche von ihnen hatten besondere Beziehungen zur Gesundheit, so wie Minerva und Apollo und ihre einheimischen Entsprechungen, doch der größte römische Gott der Heilung war Aesculap, bekannt für seine Wundermittel, die häufig mit heiligen Schlangen in Verbindung stehen (Abb. 95).

Der römische Staat war im Allgemeinen anderen Religionen gegenüber tolerant, denn man erkannte, dass viele der eigenen Überzeugungen darin geteilt wurden. Eine Ausnahme von dieser Betrachtungsweise seitens der einheimischen Britannier könnte der »Kult der vergöttlichten Kaiser« gewesen sein. Dieser Glaube, dass die Kaiser nach ihrem Tod zu Göttern wurden, wurde vom römischen Staat gefördert, und deshalb wurden auch Tempel zu ihren Ehren errichtet. Widerspruch gegen diese Auffassung war nicht unbedingt ideologisch, denn die Grabstätten britannischer Stammesoberhäupter waren vermutlich ebenfalls Walfahrtsstätten, doch der Kaiser-

kult war ein kraftvolles Symbol für die römische Besatzungsmacht. Demzufolge war der Tempel für Claudius in Colchester, der kurz nach der Eroberung erbaut worden war, ein Ziel während der Boudicca-Revolte (Abb. 24).

Es ist möglich, dass der Kopf von Hadrian (Abb. 80), der sich aller Wahrscheinlichkeit nach auf dem Forum von London befand, von der Statue abgeschlagen wurde und als ein Akt von Ikonoklasmus (die Zerstörung von Objekten der Verehrung) in die Themse geworfen wurde. Ebenso waren den Römern einige Aspekte der einheimischen britannischen Religion verhasst, insbesondere Menschenopfer, welche von Druiden praktiziert worden sein könnten. Doch wir sollten vorsichtig sein, denn das meiste, was wir über Druiden wissen, stammt von voreingenommenen römischen Schriftstellern. Der *Lindow-Mann*, eine von zahlreichen europäischen »Moorleichen« (Abb. 97), könnte ein solches Opfer gewesen sein. Die Radiokarbondatierung deutet darauf hin, dass er um das Jahr 60 n. Chr. getötet worden ist, vielleicht nicht zufällig gerade zu der Zeit, als der römische Statthalter Paullinus seinen Weg durch Cheshire bahnte, um die letzte Hochburg der Druiden auf der Insel Anglesey zu zerstören. Grundsätzlich suchten die Römer jedoch die Angleichung an einheimische Kulte durch einen als

▶ **99** Bronzefigur einer Pferd-und-Reiter-Gottheit (3./4. Jh. n. Chr.) aus Stow-cum-Quy, Cambridgeshire.

▲ **100** Ein Hort religiöser Bronzeobjekte (2.–3. Jh. n. Chr.) aus Felmingham Hall, Norfolk, vermutlich die Stätte eines römischen Tempels.

»Synkretismus« bezeichneten Prozess, wonach zwei ähnliche Gottheiten gleichgesetzt wurden. Beispiele sind eine Reihe von Figuren aus Southbroom in Wiltshire, welche römische Götter wie Merkur in einem unverkennbar »einheimischen« Stil darstellen (Abb. 98). Ein weiteres Beispiel kommt aus Felmingham in Norfolk (Abb. 100), wo der Kopf von Jupiter, oberster römischer Gott des Himmels, zusammen mit Symbolen lokaler Vorstellungen gefunden wurde, wie zum Beispiel einem Rad, das wahrscheinlich Taranis, den keltischen Gott der Veränderung, repräsentierte.

Wie wurden religiöse Überzeugungen praktiziert, und wie wurden Götter verehrt? Auf der persönlichen Ebene trugen Menschen oft Objekte am Körper, womit sie sich selbst gegen böse Geister schützten und um anderen ihren persönlichen Glauben zu zeigen. Römische Schlangenringe, ein gutes Beispiel für diesen Brauch, waren eine neue Art des Schmucks in Britannien, der in großer Anzahl während der ersten beiden Jahrhunderte aufkam. Aufgrund ihrer Fähigkeit, sich zu häuten, wurde die Schlange mit Erneuerung und Heilung assoziiert und vor allem mit dem Gott Aesculap in Verbindung gebracht. Erst nachdem sich das Christentum etabliert hatte wurde die Schlange mit der Versuchung und dem Bösen verbunden. Fingerringe mit den Buchstaben »ToT« verweisen wahrscheinlich auf »Toutatis«, einen Gott des Himmels, der mit Jupiter oder, in einem Fall, mit Mars (Abb. 101) verschmolz. Andere Menschen trugen kleine Kult-Bildnisse mit sich herum. Ein Kaufmann mag eine Figur des Merkur ausgewählt haben, einem Gott, der über Reisende wachte, während ein Soldat eine Darstellung des Kriegsgottes Mars oder des Helden Herkules bevorzugt haben könnte (Abb. 87). Es gab auch weitere spezielle lokale Verehrungen, von denen viele einzigartig für Britannien waren.

Ein »Pferd-und-Reiter«-Kult ist identifiziert worden und obwohl wir den Namen des lokal verehrten Gottes nicht kennen, so hat er doch deutliche Ähnlichkeit mit Mars. Der Nachweis für diesen Kult zeigt sich in Form kleiner Statuetten und emaillierter Scheibenfibeln (Abb. 99). Ebenso wie an der Person getragene Objekte hatten viele Häuser und öffentliche Gebäude einen kleinen Schrein (*lararium*), auf dem Abbildungen von Göttern platziert wurden. Durch die Verehrung dieser Gottheiten sah man eine Möglichkeit, sein Heim vor Naturkatastrophen oder unliebsamer Aufmerksamkeit durch Feinde oder Diebe zu bewahren.

Ebenso wie moderne Kirchen, Moscheen und Synagogen, existierte in Britannien eine große Anzahl von Tempeln und religiösen Heiligtümern während der Römerzeit. Diese waren entweder gänzlich neue Bauwerke oder sie standen auf vorher vorhandenen Kultstätten, welche ausgeweitet und nach der römischen Eroberung mit römischen Gottheiten vereinigt wurden. Die meisten hatten ein zentrales sakrales Gebäude, in dem die Kultstatue platziert war, deren Zugang nur auf Priester beschränkt war (Abb. 103), sowie einen äußeren Bereich für private Verehrer. Opfer auf gewidmeten Steinaltären, wie der von Micianus für den Gott Silvanus, wurden außerhalb des Tempels dargebracht.

▶ **101** *Bronzfigur von Mars (2./3. Jh. n. Chr.) aus Barkway, Hertfordshire, Teil einer Gabe an einen Tempel, die große silberne Votivtafeln umfasst.*

Sie bezogen häufig Tieropfer und das Vergießen von Trankopfern (Abb. 102) mit ein, ein Prozess, der für die symbolische Ernährung der betreffenden Gottheiten bestimmt war, um so deren kontinuierliche Gunst zu gewährleisten. Opfer und Dankesgaben konnten ebenso aus festeren Materialien bestanden haben, wie beispielsweise goldenen, silbernen oder bronzenen Votivtafeln, die mit Widmungen versehen und um eine Kultstatue herum angebracht waren (Abb. 104).

Eine weitere damit in Verbindung stehende Aktivität war die Platzierung von Bleifluchtafeln an heiligen Stätten wie Uley in Gloucester (Abb. 62, 63). Ein Stifter verflucht »ihn, der meinen Kapuzenmantel gestohlen hat«, und bittet den Gott (in diesem Fall Merkur), den Dieb mit Tod, Schlaflosigkeit und Impotenz zu strafen, obwohl der Schreiber den Vorbehalt hinzufügt, wenn der Unrecht-Tuende bekehrt wird, solle der Fluch aufgehoben werden.

▲ **102** *Bronzener Tiegel (1. Jh. n. Chr.) aus einem Grab in Faversham, Kent. In seiner Mitte befindet sich ein Relief des Kopfes der Medusa mit eingelegten silbernen Augen, der Kopf von Pan hingegen erscheint auf dem Griff.*

▲ **103** *Bronzener Kopfschmuck (2./3. Jh. n. Chr.) aus einer römisch-keltischen Tempelanlage in Hockwold-cum-Wilton, Norfolk. Er wurde vermutlich von einem Priester während religiöser Zeremonien getragen.*

An einigen Orten waren Tempelkomplexe eng verbunden mit Orten leiblichen Wohls und natürlicher Schönheit. Es gibt eine Reihe von Fundstätten in Britannien, die im Umfeld von Quellen liegen; vor allem die Thermalquellen von Bath, die einige der am besten erhaltenen römischen Überreste von Großbritannien aufweisen (Abb. 105, 106).

Jeden Tag strömt noch immer über eine Million Liter heißen, eisenhaltigen Wassers aus der Erde bei Bath heraus, und die bemerkenswerten gesundheitlichen Vorteile des Wassers waren im römischen Britannien ebenso beliebt wie in jüngeren Zeiten. Um die Quellen, welche eine Serie verschiedener therapeutischer Becken speisten, entstand ein Badekomplex in Verbindung mit Tempeln. Menschen brachten eine Unmenge an Opfern dar, um leibliches und geistiges Wohlbefinden von Sulis zu erfahren, der ortsansässigen Gottheit der Quellen, die der römischen Göttin Minerva zugeordnet wurde. Ähnliche religiöse Stätten um Quellen herum entfalteten sich in Springhead in Kent, Lydney in Gloucestershire und Buxton in Derbyshire, das noch immer für sein Vorkommen an Mineralwasser berühmt ist. Ein Tempelschatz, der jüngst in Ashwell in Hertfordshire entdeckt worden ist (Abb. 104), war vermutlich die Gabe für Senuna, höchstwahrscheinlich die Göttin einer Quelle, die ebenfalls mit Minerva verbunden wurde. Quellen wurden verehrt, da Wasser als Grundelement des Lebens verstanden wurde. Menschen lebten in Angst, dass Quellen austrocknen könnten. Wasser auf Schreinen symbolisierte auch die Reinigung und Erneuerung des Geistes. Quellen wurden als das genaue Gegenteil von Mooren und Sümpfen mit ihren schwarzen stillstehenden Wassern betrachtet, in welchen der unvorsichtige Reisende leicht sein Ende

▲ **105** *Vergoldeter Griff eines Silbergefäßes (2. Jh. n. Chr.) aus Capheaton, Northumberland, auf dem Minerva über einer Quelle und einem Tempel stehend gezeigt wird. Die Szene könnte die heiligen Quellen von Bath darstellen.*

finden konnte. Manchmal dienten Moore und Sümpfe auch als Begräbnisstätte bei rituellen Opfern. Solche heimtückischen Orte könnten als Reich der Unterweltsgötter aufgefasst worden sein, und vielleicht sogar als Eingang in die Unterwelt.

Aber nicht nur römische und einheimische Gottheiten waren in Britannien beliebt. Weniger bekannte Kulte, vorwiegend aus dem östlichen Mittelmeerraum, waren ebenfalls während der Römerzeit eingeführt worden, und reflektieren das multikulturelle Denken der breiten Masse. Diese Gottheiten schlossen Isis, Mithras und Kybele ein, für die es einige gut bekannte Nachweise gibt, wie zum Beispiel in London. Diese Kulte konzentrieren sich häufig auf die Idee von einem obersten Gott. Im Laufe der Zeit wurden mehr und mehr Menschen von der Idee einer einzigen, allumfassenden Gottheit angezogen. All diese »monotheistischen« Kulte starben mit der Zeit aus, mit Ausnahme des Christentums: Drei Jahrhunderte nach der Kreuzigung von Jesus Christus, erkannte Konstantin das Christentum offiziell an und machte es zur Hauptreligion der westlichen Welt. In Britannien bleibt es eines der dauerhaftesten Vermächtnisse aus der Römerzeit.

◀ **104** *Ausgewählte Gegenstände (3. Jh. n. Chr.) aus einem Tempelhort nahe Ashwell, Hertfordshire, gefunden an einem Schrei, der um eine Quelle herum errichtet war.*

Die Provinz birgt einige der frühesten materiellen Überreste des gesamten Römischen Reiches für den christlichen Glauben, wenngleich er häufig mit der Vorstellung von alten heidnischen Göttern durchmischt ist.

▲ **106** *Das Große Bad in Bath (2. Jh. n. Chr.), Somerset, Teil eines Komplexes der Heiligen Quellen. Es hatte ursprünglich ein 40 m hohes Tonnengewölbe als Decke (© RH Production).*

Im Schatz von Mildenhall (Abb. 121) drehen sich die meisten bildlichen Darstellungen um die Verehrung von Bacchus, dem Gott des Weins (Abb. 107). Doch einige der Löffel tragen das Chi-Rho-Symbol als Andeutung des christlichen Glaubens. Das Christusmonogramm erscheint als übliche christliche Formel auch auf Fingerringen (Abb. 110).

▶ **107** *Marmorstatue von Bacchus (3./4. Jh. n. Chr.), gefunden in der Villa in Spoonley Wood, Gloucestershire. Der Gott hält einen Weinbecher und zu seinen Füßen sitzt ein Panther.*

Ein unzweifelhaft christlicher Fund ist der Hort von Water Newton in Cambridgeshire (römisch: *Durobrivae*) (Abb. 5 und 108). Ins späte 4. Jahrhundert n. Chr. datierend, enthält der Hortfund den frühesten bekannten Satz christlicher Gefäße aus dem Römischen Reich. Die Gefäße könnten als Teil der christlichen Rituale bei der Eucharistiefeier oder der Heiligen Kommunion

108 Silberner Hortfund aus der römischen Stadt von Water Newton, Cambridgeshire. Wahrscheinlich aus dem Besitz einer kleinen christlichen Gemeinschaft, etwa im späten 4. Jh. n. Chr. vergraben und vom Nutzer eines Metalldetektors 1975 gefunden.

SILBERFLASCHE, *ursprünglich mit einem Griff versehen, mit Blättern und Pflanzenmotiven verziert. Vermutlich wurde sie während früher christlicher Rituale als Behältnis für Wein gebraucht.*

SILBERBECHER *mit lateinischer Widmung entlang des Randes: »Innocentia und Viventia überreichen dieses Gefäß Christus«. Christus wird durch das Chi-Rho-Symbol repräsentiert (s. kleines Bild unten).*

CHI-RHO-VOTIVTAFELN, *wahrscheinlich um einen Altar oder eine Statue herum angebracht. Aufgeprägt wurde ein vergoldetes Chi-Rho-Symbol, das die ersten beiden Buchstaben des Namens von Christus in Griechisch (Χριστός) bildet. Rechts und links neben den Strichen des Chi erscheinen der erste und letzte Buchstabe des griechischen Alphabets, Alpha (A) und Omega (ω), die auch symbolisch für Christus und damit für »Anfang« und »Ende« stehen.*

IM FOKUS

WATER NEWTON SCHATZ 4. JH. N. CHR.

HÄNGELAMPE (restauriert), *aus dünnem Silberblech. Sie war ursprünglich mit einer Kerze ausgestattet und hing von einer Decke herab, um Licht zu spenden, möglicherweise in einer christlichen Kapelle.*

SILBERKRUG, *einer von drei Krügen in dem Schatz, die zum Trinken des Weins genutzt worden sein könnten.*

SILBERTELLER, *in dessen Mitte ein schwach eingedrücktes Chi-Rho zu erkennen ist (vgl. gegenüber), begleitet von den griechischen Buchstaben Alpha und Omega. Der Teller könnte beim Verteilen des Brotes genutzt worden sein.*

SILBERBECHER, *mit der lateinischen Inschrift »Oh Herr, ich Publianus vertraue auf dich, ehre deinen heiligen Altar [oder Heiligtum]«. Die Inschrift deutet darauf hin, dass der Schatz wahrscheinlich zu einer Kirche gehörte, die von einer christlichen Gemeinschaft genutzt wurde.*

beim Umfüllen und Trinken von Wein sowie beim gemeinschaftlichen Teilen von Brot gebraucht worden sein.

Eine weitere wichtige christliche Zeremonie war, damals wie heute, die Taufe, und es gibt einige Beispiele von etwas, das man für Taufbecken aus Blei hält, so auch eines aus Icklingham (Abb. 109). Der Water Newton Hort umfasst auch eine Reihe dreieckiger Silbertafeln, die das Chi-Rho-Symbol zeigen. Einige enthalten darüber hinaus das griechische Alpha (*A*) und Omega (ω), den ersten und letzten Buchstaben des griechischen Alphabetes – eine biblische Bezugnahme auf Christus, der »den Anfang« und »das Ende« repräsentiert. Trotz seiner christlichen Symbolik kann der Water Newton Hort in Verbindung mit Britanniens heidnischer Vergangenheit gebracht werden, denn die Silbertafeln, welche wahrscheinlich auf christliche Altäre platziert oder um sie herum angebracht wurden, sind christliche Versionen der heidnischen Votivtafeln, die Gottheiten, wie Senuna in Ashwell, anrufen. Eine ähnliche Praxis

▼ **109** Bleibecken (4. Jh. n. Chr.) aus Icklingham, Suffolk, das ein Chi-Rho-Symbol trägt. Das Becken wurde wahrscheinlich für die Taufe genutzt.

mit Votivtafeln, die auf oder um Altäre herum angebracht wurden, setzt sich in Form von Statuen und Ikonen in vielen Teilen der christlich-orthodoxen Welt bis heute fort.

Es gibt Anzeichen dafür, dass Christen bis ins 4. Jahrhundert n. Chr. sehr vorsichtig waren, Christus offen zu verehren, wahrscheinlich aus Angst vor Verfolgung. Ein flacher Zinnteller aus Stamford in Lincolnshire zeigt beispielsweise versteckt in seiner eingestanzten Verzierung etwas, das wie das Chi-Rho-Symbol aussieht (Abb. 111). Obwohl Kaiser Konstantin im Jahr 313 das »Toleranzedikt von Mailand« erließ, versuchte Kaiser Julian (360–363 n. Chr.) Konstantins Politik umzukehren und ermutigte aktiv die Verfolgung der christlichen Minderheit.

Zwar wird die Auffassung vertreten, einige Gebäudefundamente seien die Stätten von Kirchen und christlichen Kapellen gewesen, doch gibt es nur an zwei bestimmten Orten deutliche Hinweise auf die Präsenz christlicher Anhänger. Bei einem handelt es sich vermutlich um eine Hauskapelle in Lullingstone in Kent.

▲ **110** *Goldene Fingerringe (4. Jh. n. Chr.) aus Brentwood, Essex und Suffolk. Sie zeigen das Chi-Rho-Symbol, wurden also von Christen getragen.*

◀ **111** *Zinngefäße (4. Jh. n. Chr.) aus Stamford, Leicestershire und Church Norton, West Sussex. Beide Gefäße wurden vermutlich bei christlichen Zeremonien gebraucht.*

▼ **112** Mittelstück eines *großen Mosaikbodens (4. Jh. n. Chr.) aus Hinton St. Mary, Dorset. Man nimmt an, dass der Kopf Christi abgebildet ist.*

Der andere Ort ist schwieriger zu interpretieren. In der Mitte eines großen Mosaikbodens, der in Hinton St. Mary in Dorset freigelegt wurde, glaubt man eine der ersten Abbildungen von Christus zu erkennen (Abb. 112). Das Portrait zeigt eine mit einer Toga bekleidete Figur und einem Chi-Rho-Symbol hinter dem Kopf, flankiert von Granatäpfeln, die für das ewige Leben stehen. Darüber hinaus zeigt eine andere Stelle des Mosaiks den heidnischen Helden Bellerophon, wie er die mythische Chimäre tötet. Dabei handelt es sich um eine Episode, die häufig im christlichen Kontext gefunden wurde, so auch in Lullingstone (vgl. S. 116/117), und die symbolisch für den Triumph des Guten über das Böse stand. Allerdings hält die Auseinandersetzung über die Interpretation des Kopfes an, weil die Abbildung auch eine Ähnlichkeit mit einem oder zwei römischen Kaisern des 4. Jahrhunderts aufweist: Konstantin der Große (307–337 n. Chr.) und Magnentius (350–353 n. Chr.). Wie dem auch sei, dem augenscheinlichen Reichtum des südlichen Britannien im späten 4. Jahrhundert standen radikale Veränderungen bevor, als Britannien der römischen Kontrolle entglitt.

IX

BRITANNIEN IN NACH-RÖMISCHER ZEIT

»… die Barbaren von der anderen Seite des Rheins griffen überall mit ihrer ganzen Stärke an … die Bewohner von Britannien waren gezwungen, die römischen Regeln abzustreifen und lebten unabhängig, nicht länger in Abhängigkeit vom römischen Recht.«

Zosimus, *Neue Geschichte*, VI, 5, 2–3

◀ *Detail des »Großen Tellers« aus dem Mildenhall Schatz (4. Jh. n. Chr.).*

▶ *113 Silbermünze des Gegenkaisers Carausius (286–293 n. Chr.), mit Kopf des Oceanus, möglicherweise als Verweis auf den Ärmelkanal.*

Im Gegensatz zum offiziellen Ende des Zweiten Weltkriegs in Europa am 8. Mai 1945, ist es nicht möglich, einen genauen Tag zu bestimmen – noch nicht einmal ein Jahr – von dem an die Provinz Britannien nicht länger »offizieller« Teil des Römischen Reiches war. Die genaueste Aussage dürfte sein, dass ungefähr im Jahr 410 n. Chr., das heißt vor etwa 1600 Jahren, Rom aufgehört hat, die nördlichste Provinz zu verwalten. In der unmittelbar darauffolgenden Zeit setzte sich das Leben für viele in abgelegenen ländlichen Gegenden wahrscheinlich so gut wie normal fort, andere hingegen werden ihre Welt als verändert empfunden haben, insbesondere durch die Ankunft neuer Einwanderer. Der Zeitabschnitt britischer Geschichte, der als »angelsächsisch« bezeichnet wird, hatte begonnen.

▲ **114** *Goldmedaillon von Constantius I. (293–306 n. Chr.), geschlagen in Trier. Es gedenkt der Niederlage des Gegenkaisers Allectus.*

Der zeitgenössische historische Nachweis für das »Ende« des römischen Britannien ist sehr lückenhaft und wenig zuverlässig. Die Schriften des griechischen Historikers Zosimus aus dem späten 5. Jahrhundert n. Chr. veranschaulichen dieses Problem. An einer Stelle erzählt er uns, dass die Britannier im frühen 5. Jahrhundert »gezwungen waren, die römischen Regeln abzustreifen und unabhängig zu leben, nicht länger in Abhängigkeit vom römischen Recht«. In einer anderen Passage, speziell auf das Jahr 410 n. Chr. datiert, sagt er, dass die Britannier Kaiser Honorius um Hilfe baten und ihnen geraten wurde, »sich um ihre eigenen Angelegenheiten zu kümmern« (*Neue Geschichte* VI, 10, 2). Doch glauben die meisten Wissenschaftler heute, diese zweite Passage beziehe sich nicht auf Britannien, da sie an einer Stelle auftritt, bei der es um Italien geht, speziell um *Brittia*, was die griechische Schreibweise für *Bruttium* im südlichen Italien ist. Es handele sich damit um einen Fehler, der beim späteren Kopieren des Textes gemacht wurde. Solche unzuverlässigen historischen Hinweise führten dazu, die Zeit zwischen etwa 400 und 550 n. Chr. häufig – weniger hilfreich – als »finsteres Mittelalter« zu bezeichnen, eine Zeit, in die traditionell die Legende von König Artus eingeordnet wird – ein Mythos, der weitgehend Stoff einer mittelalterlichen Romanze ist.

In Ermangelung historischer Quellen richtet sich unser Augenmerk auf die Archäologie. Die materiellen Überreste können in zwei Kategorien eingeteilt werden: Belege für den Niedergang des römischen Britannien und Nachweise für das Leben in der unmittelbar nachrömischen Zeit. Anhaltspunkte für den Niedergang sind nicht schwer zu finden. Sie zeigen, dass sich Britannien – zumindest politisch – ungefähr seit dem 3. Jahrhundert n. Chr. in Schwierigkeiten befand.

▲ **115** *Hort aus Silbermünzen, Silberbarren, zerschnittenem Silberblech und einer Schüssel (spätes 4./frühes 5. Jh. n. Chr.) aus Coleraine, Nordirland.*

Zu dieser Zeit wurde das Militär gebraucht, um römisches Territorium an einer wachsenden Zahl von Fronten zu verteidigen. Neben der truppenstarken Zone um den Hadrianswall, die bis in das späte 4. Jahrhundert besetzt blieb, kamen neue Kastelle an Teilen der britischen Küste hinzu, vor allem in East Anglia und im Südosten. Diese Kette aus neuen und bereits existierenden Einrichtungen erstreckte sich von Brancaster in Norfolk bis nach Portchester in Hampshire an der Südküste (Abb. 5 und 122). Die Verteidigungslinie, bekannt als die »Sachsenküste«, war Teil eines erweiterten Verteidigungssystems an der nordfranzösischen Küste, das von der Bretagne bis nach Belgien verlief. Auch an der Westküste Britanniens blieben Kastelle in Orten wie Cardiff, Caerleon, Caernarvon und Maryport weiterhin besetzt, während die Küsten im Nordosten und Nordwesten im 4. Jahrhundert n. Chr. mit einer Reihe von Signalstationen ausgestattet wurden.

Die Kastelle der Sachsenküste wurden für gewöhnlich nicht mit den bestehenden Straßennetzen verbunden. Das verdeutlicht ihre dem Meer zugewandte und nach außen gerichtete Rolle.

▲ 116 Bronzene Gürtelschnalle (spätes 4./frühes 5. Jh. n. Chr.) aus Catterick, North Yorkshire, verziert mit Seepferden und Delphinen. Sie gehörte wohl einem Heeresoffizier.

▶ 117 Goldene Armreifen aus dem Hoxne-Schatz (spätes 4. Jh. n. Chr.), Suffolk. Teil des größten Hortfundes mit römischem Gold und Silber, der in Britannien gefunden wurde.

Als die Pikten aus dem heutigen Schottland weiterhin versuchten den Hadrianswall zu durchbrechen, begannen auch ernsthafte Angriffe von See her. Die Skoten aus Irland starteten ihre Offensive über die Irische See in den Westen von Britannien, den wohl reichsten Teil der Provinz zu dieser Zeit. Wesentlich besser bekannt sind Angriffe entlang der Küste des Kanals und aus Teilen des freien Germanien durch Jüten, Sachsen und Angeln, von denen England als eine Ableitung von »Angelland« letztendlich den Namen bekam. Für 367 n. Chr. gibt es schriftliche Quellen für eine sogenannte »barbarische Verschwörung«. Spezielle archäologische Hinweise auf dieses Ereignis sind zwar nicht vorhanden, aber die Verstärkung des Küstenschutzes bestätigt, dass diese Bedrohung existierte.

Warum fanden diese feindlichen Einfälle statt? Es mögen politische Motive gewesen sein, wie die Begleichung »alter Rechnungen«, doch vorwiegend waren sie wahrscheinlich ökonomisch begründet. Horte mit spätrömischen Silbermünzen und »Hacksilber« (in kleine Stücke geschnittene römische Silberbleche), die in Schottland und Irland (Abb. 115) gefunden wurden, könnten unmittelbare archäologische Hinweise auf die Beute solcher Überfälle, oder alternativ, Hinweise auf Beschwichtigung sein. So oder so sprechen die Fakten für großen Reichtum, der in die Hände der von Rom als »Barbaren« bezeichneten Menschen fiel. Eine weitere Motivation war zweifellos die Sklaverei, auch wenn die Ausmaße des Menschenhandels nicht bekannt sind. Der bekannteste dokumentierte Fall von Entführung und Versklavung ist der von Patrick, dem Schutzheiligen von Irland, der wahrscheinlich in einer wohlhabenden »romanisierten« Familie in Britanniens Westen aufwuchs. Im Alter von 16 Jahren – man vermutet zu Beginn oder in der Mitte des 5. Jahrhunderts n. Chr. – wurde Patrick entführt und in Leibeigenschaft in Irland gezwungen.

In den letzten Jahrzehnten unter römischer Herrschaft bedrängten nicht nur außenpolitische Probleme die Provinz. Selbstverständlich gab es auch zivile Unruhen. Ein Teil der Probleme resultierte aus der Tatsache, dass in der Grenzprovinz Britannien viel Militärpersonal stationiert war (Abb. 116). Man weiß, dass eine Abfolge von Militärkommandeuren Britanniens Truppen zur Durchsetzung politischer Macht benutzt haben – Carausius stellt das wohl bekannteste Beispiel dar. Er wurde von seinem Flottenstützpunkt in Gesoriacum (heutiges Boulogne) aus mit der Aufgabe betraut, die angreifenden Sachsen und Franken abzufangen. Als er beschuldigt wurde, mit dem Feind gemeinsame Sache zu machen, floh er mit seinen loyalen Truppen nach Britannien, ernannte sich selbst zum Kaiser und kontrollierte ein Zeit lang Britannien und das nördliche Gallien.

▲ **118** *Silbertablett (lanx, 4. Jh. n. Chr.), gefunden 1735 in Corbridge, Northumberland. Das Gefäß zeigt den Gott Apollo in seinem Heiligtum auf der Insel Delos, Griechenland.*

Im Jahr 293 n. Chr. wurde Carausius von seinem Prokurator Allectus ermordet, der dann für kurze Zeit seine Position einnahm (Abb. 113, 114). Solche »Staatsstreiche« setzten sich durch das 4. Jahrhundert hindurch fort und kulminierten in der Erhebung Gratians (367–383 n. Chr.) in den Kaiserstand durch die britannischen Truppen. Der Kreislauf von Revolten und Versuchen, Kaiser zu werden, endete mit dem Scheitern von Konstantin III., die Kontrolle über Gallien und Britannien zu erlangen – wie Carausius vor ihm –, obwohl er vor seiner Ermordung in Gallien im Jahr 411 die letzten zurückgebliebenen Truppen aus Britannien abgezogen hatte.

Archäologisch sind die Hinweise auf den Niedergang der römischen Herrschaft recht dramatisch. Trotz einiger Nachweise für römische Herrschaft in Städten über das späte 4. Jahrhundert n. Chr. hinaus (beispielsweise in Silchester und Canterbury), erreichen die Baumaßnahmen doch in keiner Weise mehr das Ausmaß, wie wir es von den ersten 300 Jahren römischer Herrschaft kennen.

▲ **119** Vergoldeter Pfeffer-Streuer aus Silber in Form einer spätrömischen Dame (spätes 4. Jh. n. Chr.), eine von vier ähnlichen Tafelgeschirrstücken des Hoxne Schatzes, Suffolk.

Stadtmauern zerfielen, Amphitheater, Foren und öffentliche Bäder wurden nicht mehr genutzt und ihre Baumaterialien in späteren Bauwerken wie Kirchen wiederverwendet. Das Anbringen von Inschriften scheint so gut wie beendet worden zu sein: Inschriften auf Grabsteinen, zu Eröffnungen oder als Widmungen kommen kaum noch vor. Die großangelegte Produktion von Töpferwaren und Metallarbeiten sowie die Einfuhr von Gütern wie Wein und Olivenöl sind weitestgehend eingestellt worden. Besonders auffällig ist der Zusammenbruch im Münzwesen. Obwohl der römische Kaiser Honorius bis zu seinem Tod im Jahr 423 Münzen prägen ließ, wurde Britannien mit keiner neuen Münze nach etwa 408 n. Chr. beliefert. Das Ende des Münznachschubs bedeutete auch, dass das Heer und zivile Administratoren nicht länger bezahlt werden konnten. Ohne Bezahlung konnten sie aber auch nicht verpflichtet werden, ihren Dienst auszuüben. Es wurde versucht, die Münzproduktion fortzusetzen, indem die Ränder von Silbermünzen abgeschnitten und aus diesem Abfall neue Münzen geprägt wurden, doch beruhte dies ausschließlich auf dem im Umlauf befindlichen Geld und war damit keine längerfristige Lösung. Ein System regelmäßiger Münzprägung wurde in Britannien erst wieder

◄▲ **120** Der Thetford-Schatz (4. Jh. n. Chr.), gefunden in Norfolk, beinhaltet eine Reihe von Goldschmuck sowie silbernem Tafelgeschirr, so wie die Goldringe, Armbänder, Anhänger und Silberlöffel (links), die dem Gott Faun gewidmet waren. Die Platte der goldenen Gürtelschnalle (oben) zeigt einen tanzenden Satyr mit Trauben, während die Schnalle durch zwei sich ansehende Pferdeköpfe geformt ist.

200 Jahre später eingeführt; Bronzemünzen kamen sogar erst im 17. Jahrhundert wieder in Umlauf.

Der Verlauf der Geschichte war aber noch verworrener. Der Niedergang der Provinz war keineswegs überall ersichtlich. Das 4. Jahrhundert wurde tatsächlich als »Goldenes Zeitalter« bezeichnet, weil viele der qualitativ hochwertigen materiellen Kulturgüter in diese Zeit datiert werden. Es gibt eine Reihe von Hortfunden spätrömischen Goldes und Silbers, die demonstrieren, dass es einigen Menschen möglich war, große Reichtümer zusammenzutragen. Der Hoxne-Schatz beispielsweise, der 1992 gefunden wurde, ist der größte Hortfund mit römischem Gold und Silber in Britannien, und sogar einer der größten des Römischen Reiches (Abb. 117, 119). Er umfasst beinahe 16 000 Gold- und Silbermünzen, Goldschmuck und kleine Stücke silbernen Tafelgeschirrs – alles in einer hölzernen Kiste vergraben – und gehörte offenbar einer hochrangigen Familie. Gewiss hatten die Besitzer direkte Verbindungen zum kaiserlichen Hof, denn wertvolle Metalle dieser Zeit wurden durch den Kaiser

121 Silbernes Essservice aus Mildenhall, Suffolk, etwa im späten 4. Jh. n. Chr. vergraben, gefunden von einem Bauern während des Zweiten Weltkrieges.

»DER GROSSE TELLER«, eine in der Mitte mit dem Kopf des Meeresgottes Oceanus verzierte Servierplatte, umgeben von Meeresgeschöpfen. Der äußere Fries zeigt Bacchus, den Gott des Weins, und den Helden Herkules, mit Musikern und tanzenden Mädchen.

KLEINE TELLER, als Paar. Der linke zeigt Pan und ein tanzendes Mädchen (maenas = Bacchantin), das eine Doppelflöte spielt. Auf dem anderen Teller (daneben) tanzt ein junger Satyr mit einer Bacchantin, die ein Tamburin schlägt.

GERIFFELTE SCHÜSSEL, mit sechszackigem Stern in der Mitte. Sie wurde wahrscheinlich mit Wasser gefüllt, um an der Tafel die Hände zu waschen.

TIEFE SCHÜSSEL, eine von vier ähnlichen Stücken mit flachem Rand, dekoriert mit Jagdszenen und Gestalten aus der römischen Mythologie.

GIESSLÖFFEL, mit runden Schalen und Griffen in Form von Delphinen.

ELEGANTES SPEISEN SPÄTES 4. JH.N. CHR.

PLATTE, Mittelrondell und Rand sind mit geometrischen Mustern und Rosetten, mit Nielloeinlagen (Silbersulfid) als Kontrast zum Silber, verziert.

TANZENDES MÄDCHEN (maenas = Bacchantin), das einen Stab hält; die lange Schleppe ihres Kleides schwingt sich um ihren Kopf herum. Sie trägt einen typisch römischen, engen Haarknoten und einen Kranz aus Blumen und Blättern.

SERVIERPLATTEN MIT STANDFUSS, ein Paar, mit perlschnurförmigem Rand und geometrischer Verzierung, aufwändigen Stielen und kelchförmigem Standfuß.

EIN TRITON (römische Meergottheit), der ein Muschelhorn bläst, bildet den Griff vom Deckel einer Servierschüssel.

KLEINE SCHÜSSEL, eine von einem Paar, ihr Rand ist reich verziert mit einer Weinranke mit Blättern, Blumen, Trauben, Vögeln und Hasen.

kontrolliert. Besitz konnte gewöhnlich nur aufgrund kaiserlicher Gunstbezeugung entstehen.

Hoxne steht nicht alleine, denn in Mildenhall in Suffolk wurde ein spätrömisches silbernes Essservice im Winter 1942 entdeckt, als ein Bauer beim Pflügen darauf stieß. Es beweist eine Esskultur von verschwenderischem Ausmaß, die in Britannien hinsichtlich der Qualität ihrer Verzierung noch unübertroffen ist (Abb. 121). Das Tablett (*lanx*) von Corbridge ist das einzige Überbleibsel eines weiteren Hortfundes hochwertiger Silberobjekte (Abb. 118). In Thetford, Norfolk, wurde ein großes Set von Silberlöffeln und mit Edelsteinen eingelegtem Goldschmuck in einer wahrscheinlich sakralen Kultstätte für den römischen Gott Faun gefunden (Abb. 120). Wie wir gesehen haben, wurde eine Reihe von Silbergefäßen auch in Water Newton vergraben, die vermutlich einer frühen christlichen Gemeinschaft gehörten (Abb. 108). Dies beweist, dass Einzelpersonen oder Gemeinschaften großen Reichtum ansammeln konnten.

Von Burgh Castle, einem Kastell an der Sachsenküste im Osten Norfolks (Abb. 122), gilt eine Reihe von gläsernen Trinkgefäßen, auf-

▼ **122** *Luftaufnahme des Kastells Burgh Castle (spätes 3./frühes 4. Jh. n. Chr.), Norfolk, an der Sachsenküste (© Adrian Warren/Lastrefuge.co.uk).*

grund ihrer Zerbrechlichkeit, als außergewöhnliches Überbleibsel. Einige der Gefäße gehören zu den wohl »letzten« Gegenständen, die in der Provinz hergestellt wurden (Abb. 124). Sie waren in einer Grube vergraben. Solche Depots kostbarer Objekte konzentrieren sich auf das östliche Britannien. Im Westen hingegen erscheinen andere Indizien für Reichtum in Form verschiedener äußerst prunkvoller Villen, von denen einige mit aufwändigen und künstlerisch vollendeten Mosaiken ausgestattet sind. Eine der Regionen mit der größten Funddichte ist Gloucestershire, insbesondere die Cotswold Hills, wo mehr als 50 Villen nachgewiesen werden konnten. Ein paar davon sind eindrucksvoll ausgestattet und etliche sind Neugründungen des späten 3. und 4. Jahrhunderts. Woodchester hatte zum Beispiel mindestens 65 Räume und enthielt das größte aus Britannien bekannte Mosaik, das aus etwa eineinhalb Millionen Mosaiksteinchen zusammengesetzt war. All das deutet auf eine Konzentration von Überfluss hin. Sie zeigen, dass am Ende der Römerzeit in Britannien einige Teile des Landes vollkommen verändert waren.

▲ 123 *Hort von Gold- und Silbermünzen, Silberresten und Goldringen (spätes 5. Jh. n. Chr.) aus Patching, East Sussex.*

Es scheint so, als ob alle diese Villen im Westen von Britannien spätestens in der Mitte des 5. Jahrhunderts n. Chr. herrenlos waren, und das ist auch die Zeit, in der die Horte aus Gold und Silber im Osten vergraben wurden.

Die Horte bezeugen, dass ein Punkt erreicht worden war, an dem es nicht mehr ratsam war, diese Objekte zu behalten, denn mit ihnen gefangen zu werden, war

▲ **124** *Reihe von Glasgefäßen (spätes 4./frühes 5. Jh. n. Chr.), gefunden an der »Sachsenküste« im Kastell Burgh Castle, Norfolk.*

potenziell gefährlich. Alle diese Horte wurden sicherlich vergraben, um später wieder geborgen zu werden, obwohl in einigen Fällen auch religiöse Motive anzunehmen sind – Deponieren von Material für »göttlichen« Beistand oder als »Geschenk« für die Götter in der Hoffnung auf Rettung. Die zunehmende Verwundbarkeit der Provinz durch »barbarische« Angriffe war ohne Zweifel ein Grund, doch sollten wir auch die Möglichkeit internen Unfriedens in Betracht ziehen, welcher die Reichen unsicher machte, insbesondere, da die militärische Präsenz nach der Zeit Konstantins III. (407–411 n. Chr.) deutlich abgenommen hatte. Es gibt keine archäologischen Nachweise für eine »Bauernrevolte«, und sicher keine für einen großen Bürgerkrieg, doch vereinzelte lokale Aufstände gegenüber der herrschenden Elite durch geflohene Sklaven, Banditen und verärgerte Soldaten können nicht ausgeschlossen werden.

Aber was ist mit der Zeit, als Britannien zurückgelassen worden war, um sich selbst zu regieren? Für viele Jahre schien es, als ob das Jahrhundert nach dem Jahr 410 n. Chr. in archäologischer Hinsicht geradezu unsichtbar sei, doch in den letzten Jahren konnte man mit einer Reihe von neuen Entdeckungen beginnen, diese Lücke zu schließen. 1997 wurde ein äußerst ungewöhnlicher Münzhort in Patching in West Sussex an der Stelle einer prähistorischen Höhensiedlung und eines angelsächsischen Friedhofes gefunden (Abb. 123). Was Patching untypisch macht ist die »Verspätung« des Inhalts: Neben zwei einfachen goldenen Fingerringen und einigen Gegenständen aus Silberresten fand man 23 Gold *solidi* und 23 Silber *siliquae* (Münzen) von Honorius, dessen Nachfolger Valentinian III. (425–455 n. Chr.) und Theodosius II. (408–450 n. Chr.). Eine Münze des Hortes war unter Libius Severus 465 n. Chr geprägt worden.

Sie wurden wahrscheinlich um 470 n. Chr. vergraben, während einer Zeit, für die wir sonst kaum noch Hinweise auf ihre materielle Kultur haben.

Diese sichtbaren Spuren von Einzelpersonen bekommen sogar eine deutlichere Klarheit durch einen weiteren kürzlich geborgenen Fund. In Ringlemere, Kent, begannen Ausgrabungen nach der Entdeckung eines Goldbechers aus der Bronzezeit (Abb. 8). Wie so oft, wurde anstelle der angenommenen bronzezeitlichen Siedlungsaktivität ein angelsächsischer Friedhof mit 51 Gräbern gefunden. Weitere angelsächsische Friedhöfe sind gut dokumentiert, wovon am bekanntesten die Grabhügel von Sutton Hoo sind, doch datieren die meisten von ihnen in das 6. und 7. Jahrhundert n. Chr. Ringlemere ist aufgrund seiner frühen angelsächsischen Datierung anders: Sämtliches Material aus dem Friedhof, einschließlich der Perlen, Gürtelschnallen, Fibeln und eines intakten Rüsselbechers aus Glas (Abb. 125), datiert in die Zeit zwischen 450 und 620 n. Chr. Der Friedhof liefert einige der ersten eindeutigen Nachweise für die Ankunft germanischer Siedler. Sie waren die Menschen, die der britannischen Kultur eine neue Richtung geben sollten – das Zeitalter der Angelsachsen.

▶ **125** *Rüsselbecher aus Glas (Mitte 5. Jh. n. Chr.), ausgegraben auf einem angelsächsischen Friedhof in Ringlemere, Kent.*

ZEITTAFEL 55 v. CHR. – 410 n. CHR.

v. Chr.

55 – 54	Gaius Iulius Caesar versucht zwei Mal erfolglos eine Invasion in Britannien. Der Atrebate Commius, von Caesar auf die Insel vorausgeschickt, wird Stammesführer der dort bereits siedelnden Atrebaten.
54 v. Chr. – 43 n. Chr.	Britannien exportiert Güter auf den Kontinent und erhält dafür kontinentale Produkte wie Wein und Metallwaren im Austausch. Eine Reihe von Stammesfürsten (z. B. Cunobelin und Tincomarus), einige romfreundlich gesinnt, beherrscht verschiedene Teile Britanniens.

n. Chr.

ca. 40	Tod Cunobelins.
42	Der britannische Klientelkönig Verica sucht Zuflucht in Rom.
43	Claudius setzt auf die Insel über, besiegt die Britiannier und erobert Colchester. Elf britannische Könige ergeben sich, der Senat in Rom bewilligt Claudius einen Triumphzug.
43 – 47	Römische Expansion nach Westen und in die Midlands unter dem Kommando des späteren Kaisers Vespasian und des Aulus Plautius.
58 – 60	Feldzüge gegen walisische Stämme enden mit dem Angriff auf die Festung der Druiden bei Anglesey.
60 – 61	Boudicca-Aufstand. Zerstörung von Colchester, London und St. Albans. Niederschlagung des Aufstands durch den römischen Statthalter Suetonius Paullinus.
77 – 83	Feldzüge nach Wales, Nordengland und die schottischen Lowlands unter Cn. Iulius Agricola, dem Schwiergervater des Historikers Tacitus. Die Eroberung der Highlands gipfelt in der Schlacht beim Mons Graupius im nordöstlichen Schottland.
92 – 120	Entstehung der Vindolanda-Tafeln.
122	Aufenthalt Hadrians in Britannien. Auf seinen Befehl wird der Hadrianswall errichtet.
139 – 142	Errichtung des Antoninuswalls nach römischen Vorstößen nördlich des Hadrianswalls unter Kaiser Antoninus Pius.
181 – 185	Eindringende Stämme nördlich des Hadrianswalls werden zurückgeschlagen. Kaiser Commodus feiert den Sieg in Britannien auf seinen Münzen.
192 – 197	Commodus und sein Nachfolger Pertinax werden ermordet. Septimius Severus und Clodius Albinus wetteifern um die Macht, Albinus unterliegt. Septimius Severus teilt Britannien in zwei Provinzen.
208 – 211	Septimius Severus unternimmt mehrere Feldzüge im Norden Britanniens zur Niederschlagung von Aufständen. Nach dem Tod des Severus 211 in York ziehen sich seine Söhne Geta und Caracalla zurück.
260 – 274	Britannien ist Teil des gallischen Sonderreiches unter Postumus.
285 – 296	Carausius wird beauftragt, gegen Piraterie im Ärmelkanal vorzugehen. Nach erfolgreicher Lösung des Problems lässt Carausius sich mit Hilfe seiner Truppen zum Kaiser ausrufen. Britannien und das nördliche Gallien erkennen seine Herrschaft an. Carausius wird von seinem Quaestor Allectus ermordet, der sich nun selbst zum Imperator ausruft.
296	Rückeroberung Britanniens durch Constantius I.

305–306	Feldzüge Constantius I. im nördlichen Britannien. Nach seinem Tod in York wird sein Sohn Konstantin zum Kaiser ausgerufen.
315	Konstantin der Große führt auf Münzen den Beinamen *Britannicus* zur Erinnerung an seinen dortigen militärischen Sieg. Britannien wird in vier Provinzen aufgeteilt.
342–343	Aufenthalt Constans I. in Britannien.
350–353	Aufstand des Magnentius in Gallien mit britannischer Unterstützung.
367–378	Nach einer »barbarischen Verschwörung« von Pikten, Skoten und Angelsachsen stellt Theodosius die Ordnung in Britannien wieder her.
383 ?	Magnus Maximus unterwirft die Skoten und Pikten.
396–398	Feldzüge des Heermeisters Stilicho in Britannien gegen Skoten und Pikten.
406–407	Britannische Usurpatoren, darunter Konstantin III., schwächen die Truppen in Britannien durch ihre Versuche, Kaiser zu werden.
408–409	Britannien unter dem Ansturm der Angelsachsen.
ca. 410	Britannien ist nicht mehr Teil des Römischen Reiches.

WEITERFÜHRENDE LITERATUR

Schriftliche Quellen

S. Ireland, Roman Britain. A Sourcebook, 3. Aufl. London 2008

The Roman Inscriptions of Britain (RIB):

Bd. I: R. G. Collingwood, R. P. Wright, Oxford 1965

Bd. II: S. S. Frere, R. S. O. Tomlin u.a., Gloucester 1990/95

Bd. III: R. S. O. Tomlin, R. P. Wright, M. W. C. Hassall, Oxford 2009

A. K. Bowman, J. D. Thomas, Vindolanda: The Latin Writing Tablets, London 1983

A. K. Bowman, J. D. Thomas, The Vindolanda Writing Tablets, Bd. II, London 1994

Vor- und Frühgeschichte

R. Bradley, The Prehistory of Britain and Ireland, Cambridge 2007

B. Cunliffe, Iron Age Britain, London 2004

Römisches Britannien

Britannia: A Journal of Romano-British and Kindred Studies, 1974 ff.

J. Alcock, Life in Roman Britain, London 1999

L. Allason-Jones, Daily Life in Roman Britain, Westport 2008.

G. de la Bédoyère, Roman Britain: A New History, London 2010

K. Brodersen, Das römische Britannien. Spuren seiner Geschichte, Darmstadt 1998

J. Creighton, Britannia: The Creation of a Roman Province, Oxford 2005.

A. S. Esmonde Cleary, The Ending of Roman Britain, London 2000

D. Mattingly, An Imperial Possession: Britain in the Roman Empire. London 2006.

M. Millett, Roman Britain, 2. Aufl. London 2005
T. Potter, C. Johns, Roman Britain, London 2002
P. Salway, The Oxford Illustrated History of Roman Britain, Oxford 1993
M. Todd (Hrsg.), A Companion to Roman Britain, Oxford 2004
R. J. A. Wilson, A Guide to the Roman Remains in Britain, 4. Aufl. London 2002

Britannien in nachrömischer Zeit

S. Glasswell, The Earliest English: Living and Dying in Early Anglo-Saxon England, Stroud 2002

Spezielle Themen

L. Allason-Jones, Women in Roman Britain, 2. Aufl. York 2005
D. Allen, Roman Glass in Britain, Oxford 1998
G. de la Bédoyère, Eagles Over Britannia, Stroud 2001
G. de la Bédoyère, Architecture in Roman Britain, Oxford 2002
G. de la Bédoyère, Pottery in Roman Britain, Oxford 2004
P. Bidwell, Roman Forts in Britain, Stroud 2007
A. Birley, The People of Roman Britain, London 1979
A. Birley, Garrison Life at Vindolanda: A Band of Brothers, Stroud 2002
A. Birley, Vindolanda, a Roman Frontier Fort on Hadrian's Wall, Stroud 2009
A. K. Bowman, Life and Letters on the Roman Frontier: Vindolanda and its People, London 2003
D. J. Breeze, B. Dobson, Hadrian's Wall, 4. Aufl. London 2000
H. Cool, Eating and Drinking in Roman Britain, Cambridge 2006
H. Davies, Roman Roads in Britain, Oxford 2008
M. J. Green, The Gods of Roman Britain, Oxford 2003
M. Henig, Religion in Roman Britain, London 1984
M. Henig, The Art of Roman Britain, London 1995
C. Johns, The Jewellery of Roman Britain: Celtic and Classical Traditions, London 1996
D. E. Johnston, Roman Villas, Oxford 2004
R. Reece, The Coinage of Roman Britain, Stroud 2002
P. R. Sealey, The Boudican Revolt Against Rome, Oxford 2004
E. Swift, Roman Dress Accessories, Oxford 2003

Internet

http://vindolanda.csad.ox.ac.uk (Vindolanda-Tafeln)
www.britishmuseum.org/explore/galleries/europe/room_49_roman_britain.aspx (The Weston Gallery of Roman Britain, British Museum)
www.hadrians-wall.org (Offizielle Website »Visiting Hadrians's Wall«)
www.museumoflondon.org.uk/archive/exhibits/hslondon/roman/site.htm (Geschichte des römischen London)

REGISTER